昭和と日本人
失敗の本質

半藤一利

角川新書

目次

第三章 「最後の聖断」が訴えたもの 131

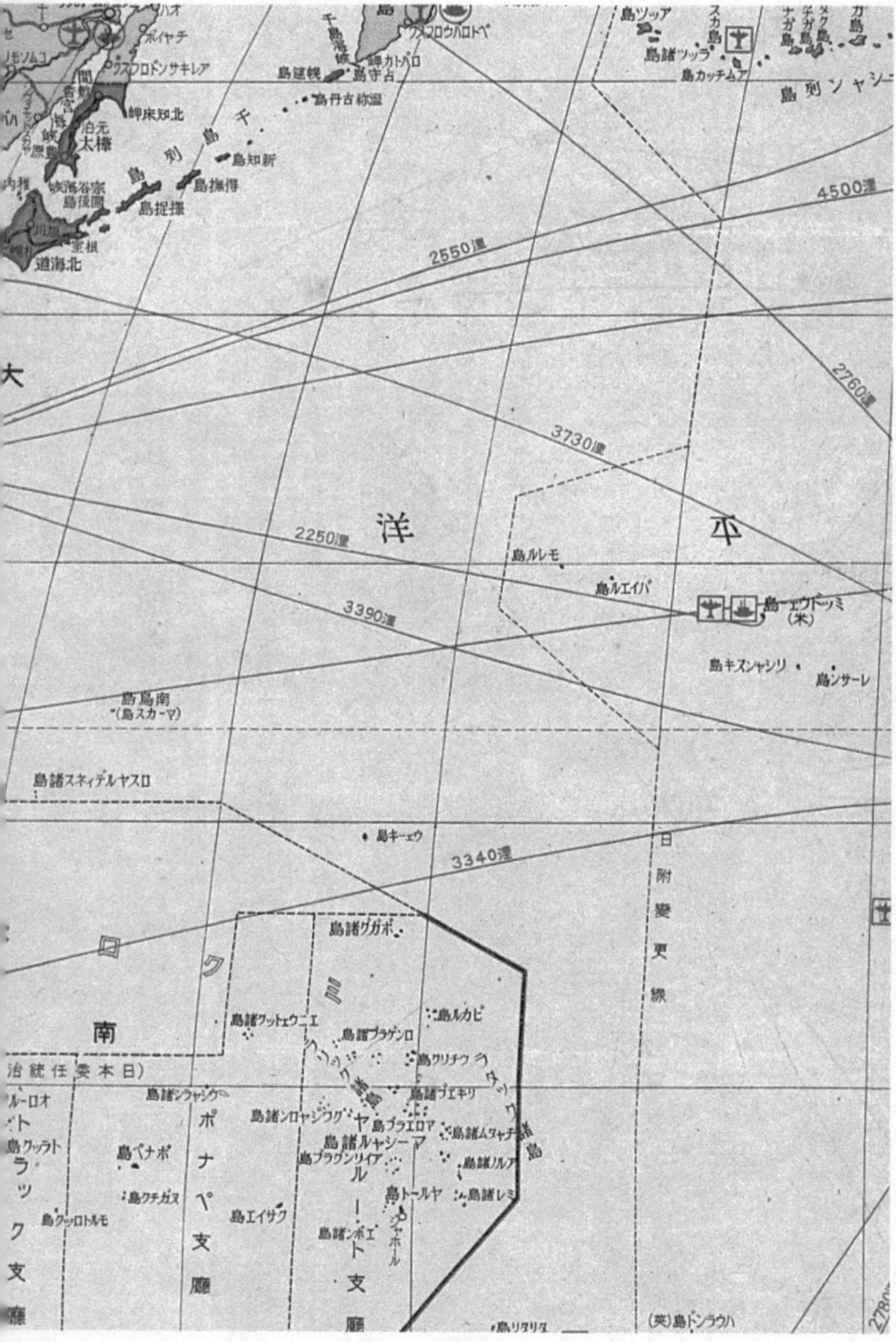

「大東亜戦下の太平洋精圖」朝日新聞社、昭和17年2月25日発行（部分）

蒙古人民共和國
外蒙古
ゴビ沙漠
アジア
蒙古聯合自治政府
滿洲國
新京
哈爾濱
奉天
北京
天津
日本海
渤海
黄海
京城
朝鮮
大阪
九州
四國
中華民國
南京
上海
漢口
廣東
香港
澳門
東支那海
琉球列島
沖縄島
臺灣
バシー海峡
フィリピン
マニラ
南支那海
海南島
新南群島(日)
ボルネオ
マレー
ミンダナオ島
セレベス海
パラオ支廳
ヤップ支廳
群島
1580浬
1501浬
1150浬
640浬
1440浬
1340浬

凡例

本文中の引用では、必要に応じて旧字旧カナは新字新かなにあらため、句読点を補った。また、ルビを振り、括弧で補足を加えた。

本文中で言及する方々の所属や役職の表記は、本書の親本にあたる二〇一五年に刊行された中経の文庫版時のままとした。編集部による注釈は「(編集部注)」として記した。今回の復刊で新たに追加や変更をした注釈は「((編集部注))」とした。誤記と思われるもの、新たに正確なデータが確認できた箇所については、著作権継承者の承諾を得て修正を施した。

第一章　大日本帝国の戦争目的

新聞がリードした開戦への道
――伊藤正徳主筆「時事新報」の抵抗

1

昭和史を学んでいて実に不思議でならないことはいくつもある。昭和六（一九三一）年の満洲《まんしゆう》事変から八年の国際連盟脱退までの二年間、ペンをそろえて、むしろ率先して陸軍に歩調を合わせていった日本の新聞のことは、その最たるものの一つにあげられる。

津田塾大学の掛川《かけがわ》トミ子氏の言葉を借りれば、「……その職分であるべき言論を放棄した日本の新聞は、脱退劇の主役を演じた松岡洋右《まつおかようすけ》を国民的英雄と讃え、一九三三年三月二七日に連盟脱退を宣告した詔勅《しようちよく》が渙発《かんぱつ》されるや、『朝日』『日日』両紙ともに、連盟脱退を肯定し、脱退の是非については問題にしようとはしなかった」（「マス・メディアの統制と対米論調」）のである。

それは、陸軍の謀略によって発火した満洲事変を「厳粛無比の事実」として、日本の新聞が正当化した瞬間にはじまった、といえる。以後、その論法を修正しないばかりか、マスコミは、既成事実を積み重ねながら、それをみずから補強していった。そして声高に世論を引っぱった。

国際連盟脱退に関していえば、新聞はすでに前年の昭和七（一九三二）年十二月十九日付の共同宣言（全国百三十二社連名）で、自分で自分の口を封じている。

「東洋平和の保全を自己の崇高なる使命と信じ、且《か》つそこに最大の利害を有する日本が、国民を挙げて満洲国を支援するの決意をなしたことは、まことに理の当然といわねばならない。……国際連盟の諸国中には、今尚満洲の現実に関する研究を欠き、従って東洋平和の随一の方途を認識しないものがある。……苟《いやし》くも満洲国の厳然たる存在を危うくするが如き解決案は、たとい如何《いか》なる事情、いかなる背景に於て提起さるるを問わず、断じて受諾すべきものに非《あら》ざることを、日本言論機関の名に於て茲《ここ》に明確に声明するものである」

いや、口を封じただけではなかった。これでは、満洲国を承認させよ、妥協を断固拒否せよ、と新聞が政府に要求したにひとしい。そして新聞によって導かれる日本の世論が、ほとんど連盟脱退への強硬論で埋まってしまうことになる。

当時、「時事新報」（以下「時事」）の主筆であった伊藤正徳《いとうまさのり》氏は戦後（〔編集部注〕満洲事変後）に書いている。

「昭和七年十月の交《みぎり》、もしも二十一日会の共同宣言が連盟に留まるべしと疾呼《しっこ》し得たならば、其当時の軍部には未だ之を押し切る力は無かったし、日本の歴史は今日とは異なるものであったろう」（『新聞生活二十年』）

その「時事」も実はこの共同宣言に加わっている。だが、掛川氏のいうように、連盟脱退にいたるまで、「一直線のコースをたどった」新聞各紙のなかで、「時事」はその社説において「脱退反対意見の表明」をつづけた唯一の新聞となった。

「文藝春秋」昭和八年四月号の「新聞紙匿名月評《とくめいげっぴょう》」子《し》は、そのことを賞讃《しょうさん》している。

「……緒方竹虎《おがたたけとら》氏、関口泰《せきぐちやすし》氏ありと言われる東朝（東京朝日新聞）、清沢洌《きよさわきよし》氏を有する報知さえ、『顧みて他を言う』という暗澹《あんたん》たるありさまで……かような暗澹たるなかで時事はひとり敢然として戦い抜いた……東朝でさえ緒方局長が関西下りをやった結果、大朝（大阪朝日新聞）と共に引っぱたかれた亀の子のようにちぢこまっていたおりから、連日の社説で最後まで主張しつづけた態度は見上げて好い」

その匿名子はさらに書いている。

「××（伏字・陸軍）によって『言わんと欲する所を封ぜられ、説かんと欲する所を制せられる』のではたまらない。それでなくてさえ二月十五日は朝鮮の国境毎日、安東新報が五日間の発行停止を喰ったので、内地の新聞はふるえ上った状態だ。法律上、行政上よりおこなわれる合法的取締は、ヒットラー政権下のドイツを思わせるほどにしゅんげんじゃないか。なんのこたアない『言論の国有』だ」

よくぞ言っている、と「文藝春秋」をほめるために引用したわけではない。この時点で、まだこのくらいのことを言える自由があった、ということをあらかじめ指摘しておきたい。さきの伊藤正徳氏の「もし共同宣言が何々にし得たならば……」、愚禿の嘆きのあるゆえんである。

そして「時事」の社説を書いていたのが、当の伊藤氏である。社長の武藤山治《むとうさんじ》が売らんかなのために「時事」をセンセーショナルな新聞にした。そこで伊藤氏は、社説において「時事」のよき伝統を残そうとした、と戦後に回想する。

この「時事」の昭和八年の社説を、一部ながら、「文藝春秋」匿名月評子が誌上に残してくれているのを、こんど発見した。それを読んだことがきっかけで、改めて「時事」の社説を調べてみる気になった。それを少しく引用しながら、日本の国際的孤立化への道を簡単に追ってみる。

昭和七年十月、国際連盟が派遣したリットン調査団は、その報告書を提出。報告書は、満洲事変以降の日本の軍事行動は自衛手段と認められず、満洲国も自然な独立運動の産物ではなく日本軍部が造成したものである、とした。だがその一方で、日本の満洲における権益を認める妥協的結論をも示した。つまり、日本の国連脱退の意志をなだめようとしていた、と思われる。

しかし国連で、この報告書審議のために理事会がはじまると同時に、硬化しつつあった日本の世論は、がぜん脱退への方向になだれ現象を起こしていく。「十字架上の日本」が昭和八年に入った時点での流行語でもあった。ざっと背景は以上のとおりだが、このとき、「時事」のみが必死で自重を説いたのである。

「(脱退という)議論或《あるい》は観念が、かなり広く我が国民の間に抱かれている。……我々は之を軽率と認め『脱退は書生にも出来る仕事にして、脱退せざる所に外交ある』旨を述べ、脱退は易く脱退せざるは難い所以《ゆえん》を警告して置いたが、しかも、世間の一部には脱退を勇なり利なりと誤認して、一気直ちに赴くの風を示し其勢侮るべからざるを見る。……しかし……一時の感情や神経的面目に依って簡単に片付けるべきものでは断じてない」（二月十二日）

ときの内閣は斎藤実《さいとうまこと》首相が率いていた。二月十五日の閣議で、荒木貞夫《あらきさだお》陸相と内田康哉《うちだやすや》外相は即時連盟脱退を主張したが、ほかの閣僚は賛成せず、結論はどうやらもち越された。この日の「時事」の社説はいう。

「連盟の無礼失敬――といわんよりは認識不足は、日本が連盟を脱退して了《しま》って之を匡正《きょうせい》することと殆《ほとん》ど不可能なるに反し、日本が連盟の中にあって機会ある毎に根深く闘う事に依ってのみ将来の成功を期待し得る」とし、「連盟が日本を出て行けがしに罵《ののし》ったとしても、頑として端座して動かず」留《とど》まることが、「大日本当面の意気地なれと信ずるものである」。

しかし、世論は滔々《とうとう》として脱退の方向へと流れていく。「毎日やってくる国民の激励の手紙には全く感激するばかりだ」という外務省の白鳥敏夫《しらとりとしお》情報部長の談話が新聞に大きく掲載されている。それを煽《あお》るように、たとえば「日日」（現毎日新聞）の社説は、こう説く。

孤立しながら連盟に留まることは、と前提し、

「これ実にこれ等諸国に向って憐を乞う怯懦《きようだ》の態度であって、徒《いたず》らにかれ等の軽侮の念を深めるのみである。……わが国はこれまでのように罪悪国扱いをされるのである。連盟内と連盟外の孤立に、事実上何の相異もない」（二月十八日）

同じ日の「時事」の社説はいう。

「是非の両論が、その終局に於て精神的一致を得るの途は、両論を尽すことに依って初て得られるのである。言わんと欲する所を封ぜられ、説かんと欲する所を制せられ不満不平の裡《うち》に一方の議論に引摺られるようでは、その国論は真の国論ではない。……静かに顧みるに、日本人は如上の言論的訓練に欠ける憾《うら》みはないか。自己の説を満点他を零点と誤認して罵倒に趨《はし》り易い傾向はないか。己れの耳に栓して自説のみを叫ぶ癇癖《かんぺき》はないか。……かくて此大国策が、論もなく理も尽されずに移り行かんには、悔を後日に胎さんこと必定であろう」

だが、二月二十日の閣議は、連盟総会が十九カ国委員会の日本への勧告書を採択した場合は、連盟を脱退する方針を決定する。もはや事実上の脱退の決定である。新聞はいっせいに翌二十一日に閣議決定を報じ、さらに二十二日には「国策を支持して、熱血の気勢を揚ぐ、九段《くだん》と日比谷《ひびや》に大会」と国民の狂熱ぶりを伝えた。この日の「朝日」にはまた、「小《こ》

林多喜二《ばやしたきじ》氏　築地《つきじ》署で急逝《きゅうせい》、街頭連絡中捕わる」という記事ものっている。プロレタリア文学の旗手・小林多喜二が殺されたのがちょうどこの頃。

ここに及んで「時事」の社説は淋《さび》しく「決った以上は茲《ここ》に是非の筆戦を中止」といい、最後の主張をのべる。

「世上には吾々と説を同じうした者も少なくないのであろう。しかし、今日となってはきのうの論を死児の齢を数うに比し、其国策の実行を効果的ならしむる方向に活用することを奨めざるを得ない。その透徹せる識見が国家国民に役立つの理は一だからである。……（国民は）戦争心理に駆られることなく、飽くまでも冷静なる大国民の面目を保持せねばならない」

二月二十四日、国連は日本軍の満洲撤退勧告案を四十二対一（反対は日本）で採決。日本の全権松岡洋右が「サヨナラ」を正式に表明し退場した。「時事」は翌二十五日に「焦り急いで駈け出すようなことなく大地を踏みしめつつ従容《しょうよう》たる大国民の態度たれ」と再度要望し、「欧州大戦の前後のドイツには相当数の同情国があったのに、日本は唯一の同情国さえなかった」という総会席上での厳然たる事実を指摘する。しかし、それ以上に脱退問題にふれず、日本の「平和国策は不変」と説くだけで伊藤氏はペンをおくことになる。

武藤社長と編集上の主義が相容《あいい》れないことなどを理由に、氏はまもなく「時事」を去っていった……。

2

それにつけても、言論というもののおちいりやすい、警戒すべき特性を思わないわけにはいかない。言論機関がある一つの基準を信奉してしまうと、やがてそれに振り回されて、本来もたねばならぬ機能をみずから捨ててしまうことになる。昭和一ケタ時代の新聞がよく証明してくれるのは、すでに書いたとおり。一つの基準とは、売らんかな主義でも、「満蒙《まんもう》の権益擁護」でも同じことなのである。

ここでは紙数の関係でいちいち引用しなかったが、国際連盟脱退という一つの基準に向けて、欧米の論調に気をもみながら、そこからの感情的な反撥《はんぱつ》が冷静な判断を失わせ、全社一丸となって驀進《ばくしん》していくさまが、各新聞の縮刷版をちょっとのぞけば十分に窺《うかが》われる。それは、やがて全権松岡洋右を時代の英雄児に仕立てていった。

補佐という名の監視役として松岡に随行した陸軍の土橋勇逸《つちはしゆういつ》（当時中佐）が、戦後に書いている。

「こと志とチガッて、日本に帰っても顔向けはなるまい。ままよ、しばらくアメリカに姿をクラマシて、ホトボリがさめるのを待とうと決心した松岡さんが……アメリカへ行く孤影ショウゼンたりである。行って日本の情況を眺めた。そして驚いたり、自分の耳を疑ったりした。……それもそのはず、内地では四二対一を誇らしげに口にし、脱退した松岡を礼讃し、正に英雄に祭り上げている。……これは早速に帰らねばならぬ。敗軍の将としてではない。全く常勝将軍の心意気でである」と（『現代史資料』第11巻）。

このとき、ひとり「文藝春秋」五月号の匿名月評子だけが批判した。「連盟の脱退は我輩の失敗である。帰国の上は郷里に引上げて謹慎するつもりだ」とのニューヨークでの松岡の告白を示した上で、「連盟脱退は明白に日本の焦土外交の失敗であった」とし、内田外相の責任が「糾弾」されなければならないのに、「新聞は之を問わない。松岡代表のニューヨークにおける告白をとりあげてさえいないのである」と。わずかにこれだけの良識が残っていた、としかいいようがないことだが。

こうして国民は、一方的な新聞報道を吹きこまれ、日本は国際的な被害者なのに、加害者として非難されていると信じ、焦燥と鬱屈《うっくつ》した孤立感と排外的な感情とをつのらせていった。その後の昭和史が示すとおりに。

こう考えると、「言論」のもつ重さとともに、昭和一ケタ時代の日本人とは何であったのか、改めて考えないわけにはいかなくなる。「時事」が憂えたように、連盟を脱退したその後の日本は「光栄ある孤立」と肩肘《かたひじ》を張りながら、世界と対決姿勢を高め、「戦争心理」を増幅させていった。それは、なにも世論を煽ったマスコミだけの責任ではない。といって軍部にだけ全責任をかぶせるわけにもいかない。もはや総力戦の時代であり、いかに勢威を誇ろうと、国民の参加なくして軍だけで国策を進めていくのは不可能になっていたのである。

ということは――なにも昭和一ケタ時代だけの特異の現象とすましておくわけにはいかないのではないか。単一民族神話にもとづく排外意識という、昭和日本人のもつ精神の病いがそこに見られる、ということである。それは極度なまでの狂熱をともなうのである。しかも孤立化が深まると発病しやすいのである。

いま、識者は「内なる国際化」「意識の国際化」をいうが、それほど容易な道ではない。だんだんに国際的孤立の道を歩む日本の政治情勢と、これに歩調を合わせはじめたかにみえる排外主義的な国民感情。それはいつか来た道である。

いささか飛躍するが、近代日本史がこの何十年間、学校で満足に教えられていないということは、歴史家の怠慢であった。最近の大学生と話すとき、その事実を知らされてびっくりする。それに目をつぶってきたわたくしたちもいけないのだろうが、日本、そして世界についてタテのことを何も知らぬ「歴史なき国民」に、ヨコの国際化をいかに説いても、良識の綾《あや》はうまく織れないのではないか。

3

「時事」の主筆伊藤氏、と書いてきたが、他人行儀にすぎたかもしれない。正直な気持ちのままに「伊藤さん」と親しみをこめて呼ばしていただいたほうがよかったか。わたくしが昭和史と太平洋戦争史にかかわりをもったのは、編集者として伊藤さんの著『連合艦隊の最後』や『大海軍を想う』などの出版担当をしたからである。伊藤さんの添え書きをもち、生き残った将軍や提督たち「昭和史の証人」の話を聞きにいったことが、没入の契機になった。

しかし、残念なことに、言論人の先達伊藤さんから昭和マスコミ論を聞くことを、まったくしなかった。迂闊《うかつ》千万にもこんど初めて「時事」の社説をとおして、言論人としての伊藤さんをわずかに知ったのである。何たる弟子であったかと思う。

「言わんと欲する所を封ぜられ、説かんと欲する所を制せられ不満不平の裡に一方の議論に引摺られるようでは……」という伊藤さんの社説を書き写しながら、わたくしが感じたのは、自由ということの重さと難しさとであった。

ガンを病みながら「大日本帝国への弔辞」を書きつづけていた伊藤さんの、温顔がいまはなつかしい。

吉田茂の対中国強硬論

いまさら申すまでもないことながら、明治日本をして世界五大強国の一つに発展させた日露戦争は、満洲の曠野《こうや》を〝日本の生命線〟として、その主導権争奪をめぐって戦われたものであった。

そして戦争は、リーダーたちの戦争指導よろしきをえて、やっとこさっとこながら勝利をもって終結し、日本は〝生命線〟としての満洲で大きな権益を獲得することができた。その権益を今後どう運営して保持し、さらには強化し発展させるか。日露戦争後の日本の国策はこの満洲問題をめぐって、欧米諸国との調停あるいは衝突をくりかえしつつ、展開されることになる。つまり、日本人にとって満洲とは何であったか、という大設問はここにはじまるのである。

そして面白いことは、この権益保持、強化、発展のための日露戦争後の政策決定と、その実施のあとをながめてみると、日本人にとって満洲とは何かを解くカギ、というか、ごくごく基本的なイメージが浮かんでくる。

(一) 対ロシア(のちのソビエト)にたいする国防の生命線としての満洲。
このために明治三十八(一九〇五)年九月に制定した関東総督の指揮下に、日露戦後に満洲駐留軍(二個師団・約一万の兵力)を創設する。これがのちの関東軍へと発展。そして国防の第一線として、関東軍と独立守備隊が満洲の大地にニラミをきかすことになる。

(二) 開拓・収奪が大いに可能な資源地帯としての満洲。
このために明治三十九年十一月に南満洲鉄道株式会社(満鉄《まんてつ》)が設立され、これを中心に、あらゆる産業を興し、日本本土への最大の資源供給基地たらしめようとした。

(三) 日本内地からの未開の沃野《よくや》への人口流出先としての満洲。

この政策も日露戦後から少しずつ実行された。農家の二、三男の土地なき農民たちから、挫折《ざせつ》した人びと（失恋から左翼運動まで）がこれにつづいた。しかし実のところ満洲の曠野は、開拓可能の一大沃野ではなく、三分の一が森林であった。必然的に、すでに中国人や韓国人らが開拓して住みついていた農場を、強権的に奪うことが多くなった。

さて、以上はまったくの歴史の復習である。けれども一応は、日本帝国の満洲進出が、西欧諸国の侵略とは逆で、まず軍隊が占領し、つぎに資本家（満鉄）が経済的収奪を行い、最後に一般の人びとの占拠という順であったことは、きちんとおさえておかねばならない。この占拠、進出が世界的不信を招致し、勃興《ぼっこう》しつつあった中国民主主義運動の猛反発をよぶようになったという事実も……。

そして昭和開幕は、この中国のナショナリズムが、いよいよ力をまして、築き上げようとしつつあった日本帝国の夢の城塞《じょうさい》に、真っ向からぶつかりはじめたとき、と。

長々と書いてきて、この話の主役の登場となる。大正十一（一九二二）年から昭和三（一九二八）年まで、天津《てんしん》および奉天《ほうてん》（瀋陽《しんよう》）の総領事であった吉田茂《よしだしげる》その人。

吉田茂――いわずとしれた戦後日本の、白足袋《たび》・ワンマンの〝大宰相〟である。戦争中に近衛文麿《このえふみまろ》らとともに終戦工作に従事し、このため憲兵隊に逮捕されたことから「平和主義者」のイメージが濃い。ところが、若き日の吉田茂たるや、対中国〝強硬派〟の外交官であった。しかも、その対中国強硬政策の軍部に与えた影響は、かなりのものがあったことを、無視することはできない。

昭和二年四月、田中義一《たなかぎいち》内閣が成立すると、待っていたとばかり吉田総領事は意見書を提出する。

「(中国は)近年の歴史に徴しても、外国の干渉なくして内乱の治まりたるなし。……よってこの際、帝国政府は列強に提議して、まずもって軍閥乱闘を禁ずるの挙に出でんことを要望す」

要するに、満洲における日本の特殊権益を擁護するため、断乎《だんこ》としてやれとハッパをかけた〝内政干渉論〟である。吉田のこの提議も、田中内閣の実質的外相たる次官の森恪《もりつとむ》を通じてのもの。森と吉田はすでにして対中強硬で考えを同じくする同志であった。

そして森は、これに煽られたかのように、同年六月、田中首相に進言して東京で「東方会議」をひらく。文字どおり政府と軍部の最高首脳による会議で、森は田中にかわって会議をリード、「対支政策綱領」をまとめあげる。その「綱領六」にこう記されている。

「満蒙ことに東三省《とうさんしょう》（奉天省、吉林省《きつりんしょう》、黒龍江省《こくりゅうこうしょう》）地方に関しては、国防上ならびに国民的生活の関係上、重大なる利害関係を有するをもって、わが国として特殊の考量を要する……」

森はこの会議を終えると八月、「対支政策綱領」を実行に移すべく、大連《だいれん》にのりこんで〝大連会議〟をひらく。参ずるものは吉田茂、満鉄社長山本条太郎《やまもとじょうたろう》らの〝同志〟。かれらは論じた。満洲の権益確保のために、各地に頻発している排日反日運動をいかに圧すべきか。このときの吉田の説が〝断乎たる処置をとるべし〟であったことはいうをまたない。

その証拠に、翌三年四月に吉田が外務省に提出した「対満政策私見」の一節を、長い引用になるがあげておく。

「満洲の富源の開発、人民購買力の増加、内外人の安住により、まず利益を受くべきものはわれわれたるは、言を俟《ま》たず。……東三省の地広くわれに五倍し、しかも吉黒両省は米産に適する処女地なり。その鉱産、林産はわれわれが急需するところ、わが工業原料、国民の食糧をこの地に仰ぎ、ひるがえってわが工業品をこの地に供給し、わが経済的市場たらしむれば、日本海はわが経済的領海となり、自然また裏日本の開発を招来すべきなり。……他国領土に国力の進展を企画するに当たり、相手方国官民の好意にのみ訴えて成功させる国際例のあるを知らず」

まことに堂々たる他国領土への国力進出、はっきりいえば〝侵略〟擁護論である。その後の吉田のさまざまな外交攻略をみると、かれが単純な侵略的愛国主義者や国家主義者でないことはわかる。しかし、当時のかれがもっともよく使った外交用語「断乎たる決意」による対中国協調政策への猛攻撃は、その意見の行きつくところ、満洲事変への地ならしになったことは否定できない。

春秋の筆法をもってすれば、昭和二年、三年の、現状打破・満洲への資本進出の森、山本、吉田らの意志が、関東軍を力づけ、張作霖《ちようさくりん》爆殺から満洲事変となって爆発し、日本を戦争への途《みち》につき進ませた、ともいえる。森恪が陸軍の鈴木貞一《すずきていいち》と知り合い、かれを通じて関東軍の河本大作《こうもとだいさく》参謀や石原莞爾《いしはらかんじ》陸大教官（当時）とひそかに話し合っていたことは、今日では明らかになっている。

最後に、森、山本、吉田。この三人の、まさに帝国日本を背負い、中国に対する強硬政策を推進した政・財・官の代表的人物の奇《く》しき因縁をみておく。

吉田は高知の竹内綱《たけのうちつな》の五男で、横浜の大貿易商吉田健三《けんぞう》の養子となり、東大を出て外交官になった。この吉田健三は山本の母の弟、つまり山本の叔父《おじ》である。そして山本は小僧として三井物産入社、のち上海《シャンハイ》支店長まで出世し辣腕《らつわん》をふるった。その山本支店長時代の三井物産上海支店に入社したのが、若き日の森であった。

対中強硬派の同志という思想的な大義名分のウラには、そんなドロくさい人間関係の結びつきがある。人間のそんな結びつきが相乗的に作用し、歴史はそれによってあらぬ方へと動かされる。歴史探偵としてはいささかアゼンとする話なのである。

大日本帝国の戦争目的
――日清・日露戦争の開戦の詔書から落とされたもの

1

まったく戦争は、それが「聖戦」であろうと何であろうと、ワリに合わぬものである。いや、もっとはっきりいえば、戦争にはもともと聖戦などというものはない。正義の戦いというようなものはありえないと思う。国と国との戦いにおいて、それぞれの国のかかげる「正義」の旗印は、例外なく国家利益の思想的粉飾にすぎない。昭和前期の戦中・戦後の歴史は、こうした英知をわれわれの胸中に刻みつけてくれている。

しかも戦争は遺制を一掃するものである。戦勝国はともかく、戦敗国民はそれまでの自分の国の政治的信条や制度や組織にたいして懐疑的になる。勝利は認証するにすぎないが、敗北はすべてを改革する。敗戦が国体の危機と精神の危機をともなうものであることも、われわれ日本人がいちばんよく知っている。

考えてみたいのは、日本人にとって忘れられないあの暑かった「八月」をめぐって、である。いや〝日本人にとって〟と書いたが〝古い〟という形容詞をつけねばならないのかもしれない。というのも、戦後生まれた世代が人口の六十パーセントを超え（編集部注　現在八十五パーセントを超える）、「八・一五」といわれても何のことやらピンとこない人がふえているからであるが。

いくら八月は遠い敗戦を思う月であるといっても、まわりに多く存在する若ものには、広島・長崎も、戦災も、飢餓も、確実に「過去の歴史」でしかなくなった。「新人類」とよばれるかれらは、降伏や二・一ストや松川《まつかわ》事件ばかりではなく、安保闘争や所得倍増計画や東京オリンピックも、まったく体験していない。いや、ベトナム戦争や石油危機ですら知らない若ものが、イラン・イラク戦争どこ吹く風と、ウォークマンをかけてポップ音楽に生き甲斐《がい》を見出《みいだ》し、街なかを闊歩《かっぽ》している。

しかし、ここでいいたいのはそうした社会的状況についてではない。最近、政界やあるいは識者の間でなぜか表立っていわれるようになった「聖戦」意識――つまりは第二次大戦における日本の戦争目的について、「戦争と平和」を考えるにふさわしい「八月」に、改めて考えてみたいのである。

最近、わたくしのまわりにも「大東亜戦争」といういい方がふえ、また日常会話のなかでも、第二次大戦における日本の行動を「植民地解放」の聖戦として正当化する主張を、しばしば聞くようになった。中国や韓国からきまって突きつけられる「侵略」戦争の汚名への反撥、あるいは否定したいための抗弁の場合もあるが、そうした主張を支持する声の強くなったのは、あるいはそう信じている人の多くなりつつあることの証《あか》しともなるのであろうか。

なるほど、太平洋戦争をきっかけとして、アジアの植民地が広汎《こうはん》に独立を獲得したことは事実であり、戦時下において日本が戦争の目的、というよりも大義名分として（いくぶんPRとして）、植民地解放のスローガンに近いものをかかげたことも事実である。しかし、それをもって侵略の側面のかなりあった「大東亜戦争」の免罪符とするのは、はたして歴史にたいして忠実なことであろうか。血をもってあがなったはずの英知「正義の戦争はない」は、いったい、どこへいったのか。

少なくとも対米英戦争の真の戦争目的は、そうした〝正義の戦争〟にあったのではなく、もっと国家としてせっぱつまったものであったのである。

いうまでもなく日本帝国の戦争目的を全世界に明示したものは、昭和十六（一九四一）年十二月八日午前十一時に発布された「開戦の詔書《しょうしょ》」であろう。敗戦を中学三年生で迎えたわたくしは、毎月八日の大詔奉戴《ほうたい》日に奉読されるこの詔書に〝気ヲツケ〟の姿勢をとらされた。この詔書と教育勅語と、青少年学徒に賜わりたる勅語の文言は、はげしい学校教練やビンタとともに、苦痛をともなった記憶として脳裏に刻まれていた。しかし、いまはそれもキレギレにしか想いだせない。はたしてこれを老耄《ろうもう》の悲しみとすべきなのか、どうか……。

少しく調べればわかることであるが、対米英開戦の名目骨子というものが構想されたのは、まだ和戦両様の構えでいた十一月十一日の、大本営政府連絡会議においてである。「一、大東亜の新秩序を建設して永遠の平和を確立し、進んで世界平和に寄与せんとするは、帝国不動の国是であること」

にはじまって、二で「支那《しな》事変」の目的と完遂を謳《うた》い、三は米英のアジア制覇の政策が「実質上の戦争行為を敢《あ》えてし、帝国の存在を危殆《きたい》に陥め」ていることを示し、四で忍び難きを忍んで対米交渉をつづけてきたが、米の主張を容認することは、支那事変完遂の努力が水泡に帰し「帝国の存立と威信とに懸けて忍び得る所に非ざること」とし、五で米英の態度はまったく誠意なし、と認識し、それゆえに、

「今や大東亜の前途危急を告げ帝国の存立危殆に瀕せんとす。事茲に至り帝国は盟邦と共に干戈《かんか》を執りて一切の障礙《しょうがい》を破砕するの已《や》むなきに立至りたること」

と結論づけている。

そしてその後、ハル・ノートが手交されたのちの十一月二十九日、連絡会議はいよいよ詔書起草のことを決定する。この詔書案づくりに参画したのは、書記官長星野直樹《ほしのなおき》を中心に、軍務課長佐藤賢了《さとうけんりょう》、外務次官西春彦《にしはるひこ》、企画院総裁鈴木貞一、情報局次長奥村喜和男《おくむらきわお》らといわれているが、いずれにせよ、基礎となったのが、この十一月十一日決定の「開戦名目骨子」であったことに間違いはない（なお用語・表現・体裁などについては、漢学者の川田瑞穂《かわだみずほ》、吉田増蔵《よしだますぞう》の二人が相談に与《あずか》っていた。さらに最終チェックを徳富蘇峰《とくとみそほう》がした）。

以上のようなことを調べた上で、ホコリをはらって書庫から「開戦の詔書」をとりだして読み直してみて、わたくしはおかしなことに、ある意味では当然のことながら、気づいた。そこには〝聖戦〟意識などは謳われていないのである。詔書は、「開戦名目骨子」と

ほぼ同じ順序で、開戦にいたるまでの経過を縷々《るる》説明したのち、

「帝国ハ今ヤ自存自衛ノ為蹶然《けつぜん》起ツテ一切ノ障礙ヲ破砕スルノ外ナキナリ」

と、対米英戦争を自存自衛のための防衛戦争と規定しているだけである。当時の貧弱な国力を背景にした日本帝国にとって、それが本音というものであった。だから「名目骨子」が主張しようとした「大東亜の新秩序を建設して」は、詔書においては「東亜ノ安定ヲ確保シ」と謙虚なものとされている。

また詔書には「兄弟《けいてい》尚未タ牆《かき》ニ相鬩《せめ》クヲ悛《あらた》メス」とあるが、文脈からすると「重慶《じゅうけい》の蔣《しょう》介石《かいせき》政権が米英の支援をうけ、いまだ日本と戦うのをやめない」ととれる。〝聖戦〟思想でいうところの、アジア解放をめざし、八紘一宇《はっこういちう》で世界の親たらんとしているのであれば、その盟主日本と〝相手にせぬ〟蔣政権とを「兄弟」にたとえているのは、本来奇妙なのである。

要は、開戦の詔書にいう対米英戦争の目的は自衛戦争につきたのである。実際に、当時の日本の指導者はほとんどすべて、太平洋戦争を自衛の戦争と観じ、またそう信じていた。十二月八日の時点で、それ以外の考えはなかったとみたほうがよい。真珠《しんじゅ》湾奇襲やマレー半島奇襲上陸は、他国の領土への「侵略」ではなく、「自衛権の行使である」と、東京裁

判で日本が終始一貫して論じぬいたのも、それが現実であり、そう信じきっていたからなのである。

当時の外相東郷茂徳《とうごうしげのり》はその著でいう。

「(日米交渉中において)米国の利益が侵害せらるる虞《おそれ》がある場合には、自国の領域以外の如何なる場所に於ても、手遅れにならざる時期に於て対抗することが米国の自衛であると述べ、米国政府は頑として自説を固執した」

「米国政府の解釈では、何が自衛行為であるかは、自国のみが決定し得ると云うのであったから、此際の日本の決心が自衛の範囲を逸脱して居ると論ずる訳にはいかない」

日本の戦時指導者が開戦にあたって最高に頭を悩ましたのは、これが自存自衛のための防衛戦争になるかどうか、についてであった。そして「自衛権」ということにかんして、アメリカの主張にいかに強く影響されていたかが、この記述で非常によくわかる。しかも東郷はいちばん冷静に政略を考えた人でもあった。

にもかかわらず、自衛権にかんするアメリカの主張や行動は是とされ、なぜに日本のそれは非とされねばならなかったのか。くわしく記す余地はないが、一言でいえば、アメリカには国際法規というか、国際法政策というか、世界輿論《よろん》にそった政策が基礎にあった。

反して、日本の政策には、国際公法的な感覚はなく、伝統的な国際法観で理論武装を固めたにすぎなかった点に根因があった。国際連盟脱退いらい、〝栄光ある孤立〟を豪語し、夜郎《やろうじ》自大《だい》の自惚《うぬぼ》れのうちに十年近くを過ごしていた。ここに日本の誤謬《ごびゅう》があったのである。

いくつかの夜郎自大を示す悲しい証しがある。ジュネーヴ捕虜条約を日本が批准していなかったことが、アジア民衆や捕虜にたいする虐待虐殺につながらなかったか、どうか。

のちに「大東亜共栄圏」を謳いながら、昭和十八（一九四三）年五月三十一日に御前会議で決定された「大東亜政略指導大綱」の、つぎの文句（第六項）はどうか。

「マレー・スマトラ・ジャワ・ボルネオ・セレベス（ニューギニア）は、大日本帝国の領土とし、重要資源の供給源として、その開発と民心の把握につとめる。……／これら地域を帝国領土とする方針は、当分、公表しない」

この驚くべき大方針を公表すれば、国際輿論の袋叩《だた》きにあうのは目にみえている。

それよりもなによりも、対米英戦争の「開戦の詔書」に、根本問題として当然なければならない一行が、なぜ削りとられていたのか。

「天佑《てんゆう》ヲ保有シ、万世一系ノ皇祚《こうそ》ヲ践《ふ》メル大日本（帝）国皇帝（天皇）ハ……」と書き出しはほぼ同じながら（丸カッコ内が対米英戦）、日清戦争・日露戦争・第一次世界大戦における詔書には、その一行がちゃんとあったのに、なのである。
「苟《いやしく》モ国際法ニ戻《もと》ラサル限リ、各々権能ニ応シテ一切ノ手段ヲ尽スニ於テ、必ス遺漏ナカラムコトヲ期セヨ」（日清戦争）
「凡《およ》ソ国際条規ノ範囲ニ於テ一切ノ手段ヲ尽シ、遺算ナカラムコトヲ期セヨ」（日露戦争。第一次大戦もほぼ同じで、ただ「遺算」の上に「必ス」が付せられている）
地球上の国家の一員として大切なこの一行が、である。過去のあらゆる外戦のときに明示されていた〝国際公法の条項を守れ〟の一行を、なぜに昭和の指導者は削りとって、てんとして恥じなかったのだろうか。それも忘却したわけではなく、意識的削除なのである。当時の指導者は、大きな力をもつ世界輿論を無視し、かつ独善的な政策のもと、自衛権を過信した、と評するほかはない。これでは聖戦をいくらとなえようが、世界が承認すべくもなかった。
ここまで書いてきてみると、どうでもいいような気持ちになったが、やはり付記しておくことにする。それは「開戦の詔書」には〝大東亜戦争〟という呼称はないということ。この呼称は連戦連勝で沸く十二月十二日の閣議できめられたものである。「今次の対米英戦は支那事変をも含めて大東亜戦争と呼称す。即ち大東亜戦争と称する所以は、大東亜新秩序建設を目的とする戦争なることを意味するものにして、戦争地域を大東亜のみに限定する意味に非ず」と。聖戦意識（あるいは思想的意義づけ）の努力も、戦争がはじまって連戦連勝に沸くまことに威勢のいいときにはじまるのである。

2

それにつけても、なにごとも明治天皇に範を求め、聡明《そうめい》なる天皇が、国際公法遵守の一行の削除に気づかれなかったのであろうか、の疑問がやはり残るのである。よしんば多くの障害や圧力があったとしても、天皇はこのことにかんするかぎり、平和愛好者であることの徴《しる》しをみずから強く主張されるべきではなかったか。

なぜなら、「詔書」こそがあの時代にあっては、親しく国民に天皇がその考えをのべうる唯一のものであったからである。

当時は、勅語と詔書と勅諭の区別すらも知らなかったが、『広辞苑』第四版によれば、厳密にその差が定められているようである。勅語は、明治憲法下で、天皇が大権に基づき、国務大臣の副署を要さず、親しく臣民に対して発表した意思表示、であり、詔書は明治憲法下では、皇室の大事および大権の施行に関する勅旨を宣誥《せんこう》する文書、とある（勅諭は天皇の親しく下した告諭）。いずれにしても、天皇陛下の絶対の御意志がこめられていると、国民はすべて教えられていた。当時にいう大御心《おおみこころ》である。

そして事実、史料をたずねてみれば、宣戦の詔書にかんして（終戦の詔書もまた同じく）、大御心がはっきりと盛りこまれていることがよくわかる。天皇は昭和十六年十月十七日（近衛内閣総辞職の翌日）、内大臣木戸幸一《きどこういち》にたいしこういわれている。

「昨今の状況では日米交渉の成立は漸次望み薄となったように思われる。万一開戦となるが如き場合には、宣戦の詔勅を発することになろうが、その場合今までの詔書についてみると、連盟脱退の際にも特に文武恪循《ぶんぶかくじゅん》と世界平和ということについて述べたのであるが、国民はどうもこの点を等閑視しているように思われる。また日独伊三国同盟の際の詔書についても平和のためということが忘れられ、如何にも英米に対抗するかの如く国民が考えているのは誠に面白くないと思う。ついては今度の宣戦の詔書を出す場合には、是非近衛と木戸も参加して貰って、とくと自分の気持を述べてこれを取入れて貰いたいと思う」

これが、宣戦の詔書の構想が表立った最初のご発言ともなるのだが、木戸から首相東条英機《とうじょうひでき》にこれが伝えられ、のちに詔書のなかで具体化する。簡略に経緯を書くと、詔書の原案ができたときには「今ヤ不幸ニシテ米英両国ト釁端《きんたん》ヲ開クニ至ル」とだけあった、これをチェックした書記官長星野直樹が、このあとに「洵《まこと》ニ已《や》ムヲ得サルモノアリ」と付加してもらいたいと提案する。関係者の間では「戦争になった以上そんな弁解がましい弱気など不要である」と反対論が強かったが、星野はこれを抑えていった。

「実はこれは大御心なのである。是非入れなければならない」

星野はあらかじめ東条首相から厳重にそのことをいわれていたのである。つまり、それが天皇の意思であると。こうして内閣の原案ができたのが十二月六日、東条がさらにガリ版刷りの詔書を逐語ごとに検討してからこう命じた。

「……洵ニ已ムヲ得サルモノアリ、のつぎに、豈朕《あにちん》カ志ナラムヤ、の字句を挿入するように」と。

内閣官房総務課長稲田周一《いなだしゅういち》が「それでは文章がおかしくなるではありませんか」と疑義を呈したが、東条は「これは大御心だから是非入れるように」ときつく命じたという。

また、詔書の末尾は内閣原案では、はじめは「皇道ノ大義ヲ内外ニ宣揚セムコトヲ期ス」とあったが、これを天皇のご意思にもとづき「帝国ノ光栄ヲ保全セムコトヲ期ス」と、むしろ謙虚な辞句に改められたともいう。覇道よりも王道をとろうとした「大御心」が察せられる。

こうした史実に照らしてみると、国際法に関しての削除の一行については、なお一層のこと、「なぜ」の憾《うら》みを消すわけにはいかないのである。

3

昭和六十三（一九八八）年の〝夏〟は、各地で紛争解決に向かうという世界的な潮流にそって、日本では平和を願う多くの行事とともに過ぎていった。いつもの年でもそうであるが、八月六日から十五日までの十日間は、〝古い〟日本人には、回顧さるべき実感が継続している。数えきれぬ死者のあとの、敗北感、虚脱感、信念の喪失、価値の激転が、あの暑い晴れた日の空腹感とともに、わたくしたちの心によみがえる。それは正気をとり戻すときなのかもしれない。しかし、すべてが過ぎてしまうと、また平凡な日々がはじまる……。

平凡というより生産と消費に狂奔する騒々しい日々、というべきか。周囲にはうるさいほど多くのキャッチ・フレーズやＣＭ。それらに巧みにキャッチされ、いまや全員が中流意識をもち、酒をのみ、マンガを読み、ゴルフのスコアを自慢し、テレビで野球を見ることで満足しきる。つまり面倒な思考から逃避し、集団のなかに快楽を見出そうとしている。

だが、立ち止まって見渡してみよう。これもまた「既視」の状況ではないだろうか。

しかもその結果は、昔ながらのアジアのなかの大国として、「金余り国」として、ひとりよがりな孤立主義に陥っている。おかれている世界的状況、そして社会的条件を知ろうとする意志を失うときは、もっとも煽動《せんどう》に乗り易いとき、といわれている。つまり「いつか来た道」である。

また、ちかごろは「戦後」以後ということがいわれているそうである。戦争体験はおろか戦後体験すらも、急速に風化しつつあるということなのだろう。こうして風化という語がいとも簡単に使われるが、もともと戦争や戦後の意味を語りつぐことには限界があるのである。体験したからといって、ものがはっきり見えるとは限らない。長い年月の間に取捨選択して記憶されたことを、個人的に饒舌《じょうぜつ》に適当に話しているにすぎない。

つまりは、戦争や戦後を体験したかどうかに関係もなく、いまおかれている状況のままに、いつでもそのときの〝現在〟に応じて揺れ動く。それが人間の生活意識というもの。価値観や習性で若干の差があるとはいえ、「新人類」とよばれる世代と、戦中派も焼跡派もその点ではおんなじなのである。大事であったのは、体験そのものや、それにともなう成果意識の若干の差などではなく、体験の思想化ではなかったか。

戦後すぐ「一億総懺悔《ざんげ》」ということがいわれた。それがいつの間にか、戦争にたいする共同責任意識に変わった。この意識が憲法第九条の改正を阻止する有力な支柱になってはいるが、この意識の誕生はきわめて情緒的であった。それ以上に意識の内容は情緒的、観念的ではなかったろうか。

戦前・戦中・戦後とつづく日本の過去は、間違いなくわれわれの過去なのである。その歴史をいろいろな人間の選択的行動の連続として捉《とら》え直し、だれをも美化しないという厳しさで、われら日本人の主体の責任を問う姿勢を、なぜもてなかったのか。この場合の責任とは、具体的な歴史的事実にかんする、たとえば開戦に当たって国際公法を無視するとかいう認識と判断の、正否を問うことである。

戦争も戦後もともに正しい方法で思想化されることなく、歴史的体験について共有されるべき認識のないままに、時間の経過とともに現在が過去になり、過去が歴史と名付けられて過ぎていった。これからも過ぎていくであろう。そして八月には、いっとき声が低くなるが、それが過ぎれば、事実からはなれた架空のイメージのなかで獅子吼《ししく》が、ふたたび力をえてくる。しかし、みずからの所属する共同体の利益のために、「聖戦」を正当化するのは、危険な幻想にほかならない。

山本五十六が恐れた「衆愚」集団主義

1

この泰平爛熟《らんじゅく》期のおとなしい（というより万事に我不関焉《われかんせず》の）日本人を、もしかの先輩が知っていたらどうであったろうか、とついつい考えてしまう。わが先輩と親しそうによぶが、もちろん会ったことはない。

歴史上の人物としての、かつての連合艦隊司令長官山本五十六《やまもといそろく》大将。

同じ新潟県立長岡《ながおか》中学校卒の後輩として、反対していた戦争の陣頭に立たねばならなかった悲劇以上に、この先輩の抱いていた日本人観が、いまになると、何と悲劇的であったかと思えてならないのである。

昭和十六（一九四一）年、三国同盟締結から北部仏印進駐という戦争政策をとり、対米英強硬路線を突っ走る陸海軍中央にたいし怒りをこめながら、山本は海軍大臣及川古志郎《おいかわこしろう》に一書を送った。

日付は一月七日。この書簡は「全滅を期して」ハワイ作戦強行の決意を、最初に公式表明したものとして知られている。そのなかで山本は、大本営が決定したもたもたした長期戦は反対であるとして、こう書いている。

「……敵ハ一挙ニ帝国本土ノ急襲ヲ行ヒ、帝都其ノ他ノ大都市ヲ焼尽スルノ作戦ニ出デザルヲ保シ難ク、若《も》シ一旦此ノ如キ事態ニ立至ランカ、南方作戦ニ仮令《たとい》成功ヲ収ムルトモ、我海軍ハ輿論ノ激攻ヲ浴ビ、延《ひい》テハ国民ノ志気ノ低下ヲ如何トモスル能《あた》ハザルニ至ラムコト、火ヲ観ルヨリモ明ナリ（日露戦争浦塩《ウラジオ》艦隊ノ太平洋半周ニ於ケル国民ノ狼狽《ろうばい》ハ如何ナリシカ、笑事ニハナシ）。……」

戦争を眼の前にして、第一線部隊の最高指揮官として山本がもっとも恐れていたのは、このように〝輿論の激攻〟であり、〝国民の志気の低下〟であったのである。

さらに日米交渉の不成功から東条英機内閣が成立、もはや戦争は避けられないと予想されるに至った十月二十四日付の、海軍大臣嶋田繁太郎《しまだしげたろう》宛ての手紙でも、山本は同じ恐れを述べている。

「……我南方作戦中の皇国本位の防禦力《ぼうぎょ》を顧念すれば、真に寒心に不堪もの有之、幸に南方作戦比較的有利に発展しつつありとも、万一敵機東京大阪を急襲し一朝にして此両都府を焼尽くせるが如き場合は勿論《もちろん》、左程のそんがいなしとするも国論（衆愚の）は果して海軍に対し何といふべきか、日露戦争を回想すれば想半ばに過ぐるものありと存じ候。……」

悲しむべきことに、これが海軍開明派のひとりとされる山本の、日本人観であったのである。日露戦争に少尉候補生として参加したかれは、ロシア海軍のウラジオ（浦塩）艦隊が巧みに通商破壊戦をおこない、ついに太平洋上から日本本土沖に接近したとき、ほとんど半狂乱状態となった日本国民を見ていたのである。

このため、ウラジオ艦隊撃滅の任を負った第二艦隊司令長官上村彦之丞《かみむらひこのじょう》中将の東京の私邸は暴徒に襲われ、しょっちゅう投石される始末となった。二艦隊旗艦の吾妻艦長藤井較《ふじいこう》一《いち》大佐の私宅もしばしば襲われた。「またも負けたか二艦隊」とさげすまれ、ついには「露探《ろたん》艦隊」とまでののしられた。露探とはロシアのスパイという意味である。

山本にはこれらの事件はわすれられなかった。熱狂し熱情にかられ動揺しやすい国民性が、かれの骨身にしみていた。そして戦死するまで日本人の集団主義にたいする恐れを抱きつづけた。集団は欲求不満が起こると、かならず大なり小なりの攻撃的な行動がともなうことになる、と。

また、手紙を書きながら山本の脳裏には、日露戦争終結のポーツマス講和条約に反対し、群衆が日比谷に焼打ちをかけた事件があざやかに描かれていた。激昂《げきこう》のうちに人びとは内相官邸を襲い、交番や電車をつぎつぎに焼いた。「弔講和成立」「屈辱的条約を葬れ」と記した黒ワクの弔旗が押したてられ、「桂《かつら》を斬れ」「小村《こむら》を刺せ」「元老を屠《ほふ》れ」の声が津波のように東京の中心部にどよもしていた。

その実、日露戦争は日本帝国にとっては〝惨勝〟以外のなにものでもなかった。一年半の戦闘で費消された軍費とその他を合計すると十九億五千四百万円。それは戦前の国家予算の八倍に達する巨額である。大いなる消耗のすえに講和に達した。もはやこれ以上に戦争を継続し勝利をうる力は、日本にはなかった。

しかし、国民はこれを惨勝と理解せず、大勝利の戦争と思いこんだ。講和条約成立の報道が伝わったときの「朝日新聞」の記事が、そのことをいちばんよく語っている。

「日露戦争は、二三閣臣元老の戦いにあらずして、実に国民のたたかいなり。……国民はまだ毫《ごう》も戦いに倦《う》まざるなり。倦むは閣臣なり、元老なり。……ああ、国民は閣臣元老のために売られたり」

この〝国論〟というえたいの知れない群衆の意思が日比谷公園を中心に爆発したのであった。明治三十八（一九〇五）年九月五日から六日にかけて、東京では交番の七割以上に火がかけられ、民家三十八、教会十三が焼かれた。死傷者は警官・消防夫など四百九十四名、民衆の死者十七名、負傷五百十一名にのぼった。六日夜に政府は戒厳令を施行して治安をやっと回復させた。

山本が手紙に「国論（衆愚の）」とあえてカッコつきで衆愚の文字を足した意味は、恐らくここにあったのであろう。

2

山本が二本の手紙をしたためているとき、はたして想起していたのは、遠い日露戦争のときの国民感情だけであったろうか。わたくしにはかならずしもそうとは思えない。少しばかり丁寧に当時の記録や資料を読んでいけばわかることであるが、昭和十五（一九四〇）年の五月以降、すなわちナチス・ドイツの電撃作戦の大成功が伝わるようになってから、日本の民衆意識にはかなり大きな変化がみられるようになっていた。一つの標語がある、「バスに乗り遅れるな」である。

もちろん底流には、日中戦争の泥沼化にともなうインフレ・物資不足、それにたいする不満の深刻化ということがあった。そのお先真っ暗な持続に我慢できなくなって、ナチスのような「強力政治」の実現による一挙解決を待望しはじめる。しかし、その一挙解決は、速《すみ》やかに中国と講和すべきである、という方向ではなかった。

昭和十五年ごろの日本人は生活に苦しんでいたし、不満であった。その不満の大爆発を抑えていたのは、勝てる戦争・正義の戦争（聖戦）であるからという民衆の戦争観と、明らかにつぎの新しい戦争にたいする期待感によっていた。つまり対米英戦争にたいしては、戦争勃発前からすでに、マスコミの宣伝のほかに、直接的な日常の対人接触によって、ある種の雰囲気が日本全体に生まれていた。戦争を望む心理、あるいは好戦的風潮といってもよい。「一致団結して大いなる国難に当たろう」といった自己叱咤《しった》の感情や、解決のメドのない日中戦争への諦《あきら》めが、未来をおびやかす〝仮想敵〟にたいする憎悪とあいまって、大きな国民感情の流れを形成していた。

フランスの社会心理学者ル・ボンは『群衆心理』（創元文庫）という名著を、十九世紀末に書いているが、かれはいう。

「群衆の最も大きな特色はつぎの点にある。それを構成する個々の人の種類を問わず、また、かれらの生活様式や職業や性格や知能の異同を問わず、その個人個人が集まって群衆になったというだけで集団精神をもつようになり、そのおかげで、個人でいるのとはまったく別の感じ方や考え方や行動をする」

そして群衆の特色を、かれは鋭く定義している——衝動的で、動揺しやすく、昂奮しやすく、暗示を受けやすく、物事を軽々しく信じる、と。そして群衆の感情は誇張的で、単純であり、偏狭さと保守的傾向をもっている、と。

昭和十五年から開戦への道程における日本人の、新しい戦争を期待する国民感情の流れとは、ル・ボンのいうそのままといっていいような気がする。それもそのときの政府や軍部が冷静な計算で操作していったというようなものではない。日本にはヒトラーのような独裁者もいなかったし、強力で狡猾《こうかつ》なファシストもいなかった。民衆と不可分の形でリーダーも群衆のひとりであり、民衆のうちにある感情を受容しそれを反映する場合にのみ、リーダーは民衆を左右できたのである。山本五十六は、負けるとわかっているから、対米英戦争には反対であった。しかし、民衆のいやがっている方向には動かせないどころか、かれもまた、民衆の中にすでに存在している好戦的心理に一部では流されていた。

昭和十六年十二月八日、真珠湾攻撃成功の日の日本人の熱狂は、その端的なあらわれであったのである。たとえば作家の長与善郎《ながよよしろう》は「生きているうちにまだこんな嬉しい、こんな痛快な、こんなめでたい日に遭えるとは思わなかった」と書き、詩人の高村光太郎《たかむらこうたろう》は「私は不覚にも落涙した」と感激し、社会学者の清水幾太郎《しみずいくたろう》は後日その感想を記した。「日本は是が非でも英米に勝たねばならぬ。そのためには吾々の文化が彼等の文化に勝たねばならぬ。併《しか》し文化はただビルディングや洋服にのみ関することではない。それは根本に於て国民の心の力を養うことであり、また心の力それ自らである」

こうして、開戦後の国民感情を危惧《きぐ》していた内務省保安課が、国民はただ戦果に酔うており、このため「挙国一致体制益々強化せられたる感深し」「何等異常認められず、治安上不安なし」と誇ることができるほど、群衆は熱狂していたのである。

3

この歴史的な教訓からみると、ヒステリー的な国民感情の激発と無縁になった昨今の社会状況は、歓迎されることこそあれ、非難されるべきなにものもないのかもしれない。

といっても、この天下泰平・五穀豊穣《ほうじょう》の平穏はついこのあいだのことなのである。わずか二十年とちょっと、時代と人心の変わりようはただ目を見張るばかり。「戦後」という一時期を考えてみれば、国家再建という理想を求めて、それは明治・大正に戻ったかのような国民的熱狂をわれわれはしばしば体験した。ある意味では、新しい国造りのためのキシミともいうべきものであったが……。大は2・1スト、メーデー事件、内灘《うちなだ》・砂川《すながわ》闘争、六〇年安保騒動などから、小はうたごえ運動、山谷《さんや》・釜ヶ崎《かまがさき》暴動と、昭和史年表から求めることはあまりに容易すぎる。

それがこの二十年ほとんど失《う》せた。ひたすら野球場やラグビー場に大歓声をあげるだけで、あの熱狂的な日本人はどこへいったのか。〝群衆〟は消えてしまったのか。

世界一の金持ち、なべてコトもなき泰平爛熟期、ちょっと働けば食うにこと欠かない。と同時に、個人は歯車の一つとしてしっかり組みこまれて、身動きならぬほど完整した体制。シラケの時代。自分を守ることしか関心がない。あるのはすこぶる個人的な、ちょっぴり不満で、ちょっぴり苦痛な状況……。

識者はそうした現代日本像（または日本人論）をさまざまに分析している。木村尚三郎《きむらしょうさぶろう》氏（東大教授）は世阿弥《ぜあみ》の『風姿花伝』のなかの「男時《おどき》・女時《めどき》」という言葉を使って、現代は女時の時代であるという。「優美で保守的な女の感情が支配し、気持ちは世界から国家、仕事、家族へ、そして最終的には自己自身の肉体へ、内へ内へ」と向かっている時代で、「情感によって結び合う生き方」が中心で、「原理・原則に捉われず、具体的現実のなかにあって、あくまできめ細かく、肌になじむ、温か味のある生き方を求めるディテイル（部分）人間」中心の時代である、と説いている。

小田晋《おだすすむ》氏（筑波大教授）は、アメリカの歴史家C・ラッシュ『ナルシシズムの時代』を援用しつつ、日本の若ものもまた「自惚れの鏡の人間」になっていると指摘していう。二十年前の大学紛争が、一度弾圧されたらたちまち鎮まってしまったのも、すでにかれらがナルシシスト的傾向をもっていたからである、と。その傾向はますます強まり、いまは、組織への忠誠よりも個人生活のほうが重要と考える人間か、立身出世を望むにせよ自己犠牲的に働く人間はなくなり「常に賞讃の言葉をかけて注目してやらないと、ドロップ・アウトしてしまう」人間か、この二つのタイプにこれからの若ものは二極分解していく。

すべて幼いときから抑制されることのない過保護と躾《しつけ》の欠如に因があり、こういう人びとは自己の重要性についての誇大観念（他人もそれを認めるべきと思いこみ）と、自分の無限の力と成功について幻想をもちつづける、と小田氏は慨嘆的にいうのである。

同じようなことを「母子家庭国家」としてみる心理学者もいる。竹内靖雄《たけうちやすお》氏（成蹊大教授）で、氏は「政府が母親で国民が子供、という構造の国家」と見、日本の江戸《えど》時代がまさにそれで、昭和二十年までの近代日本はそれを無理に男性型国家に性転換しようとしたところに間違いがあった、とする。そして本来の母子家庭国家の生き方に戻ることができたところに、戦後日本の成功があった、と現状をむしろ肯定的に論ずるのである。

陶酔的な自己中心のディテイル人間で、しかも過保護な民主主義国家の子供たちということであっては、いまの日本人が福祉そのほか自分の身に関係したことにしか関心なく、できるだけ少なく支払ってできるだけ多くを要求しようとする「甘えの構造」的になるのは、当然のことであろう。国家は国家で、国民の機嫌をそこねてはいけないし、国民の支持を失わないためには、多くのサービスを与えてご機嫌をとらねばならない。政治家も民衆ももちつもたれつ。これでは改革もへちまもあったものではあるまい。

駅のホームのごみ箱を、老いも若きも関係なく、かっこうのいい紳士淑女があさって、新聞や週刊誌をひろっている光景をしばしば見かける。しかも今日では何とも思わぬほど自然になってきた。笑ってはいられないのは、この恥も外聞もない拾い屋個人主義が、すでに社会の各方面の多くのところに瀰漫《びまん》していることである。戦後の民主主義教育が、熱狂する群衆精神を否定しきって、かわりに拾い屋精神を育成したとは、いくらなんでも思いたくはない。

さらにもう一つ問題にしなければならないのは、日本国内的にみれば〝ひよわな個人〟的な日本人であるが、これを外の世界からみれば、まったく別種の強い日本人たちと映じていること。たとえば戦争中に武力でアジア諸地域を侵略していった日本人の心理と、戦後たちまち経済力で同じ諸地域へ進出している日本人（旅行者を含めてもよい）の心理と、深いところでいくばくの差がありや、と外の人はみているのである。いぜんとして集団主義の日本人！　欧米諸国民にとっても恐らく同様であろう。日本人は相変わらず巨大なマスとなって外へ押し寄せている。

4

心理学者は、自尊心など所詮《しょせん》は幻想にすぎない、という。そして自尊の幻想が崩され、おのれの無力さがさらけだされると怒りが生じる、ともいう。自己の重要性について誇大観念をもち、自分の無限の力と成功について幻想をもつ現代日本人が、いくら優美で肌になじむ感情を好むとはいえ、怒りそのものを失ったとは思えない。げんに、ごくごく個人的なことで狂暴性を発揮する若ものの例は、新聞紙面を毎日のように賑《にぎ》やかにしている。

もし、この個人的なヒステリー的な怒りがまとまったら……破片のような一人ひとりが、それこそ山本五十六のいう「衆愚の」集団主義で一つにならないという保証は将来ともにない。朝夕の駅や街頭や車中で、巨大な群衆がうごめいているのを毎日のように実見する。日本人は無意識であろうと群衆訓練を日常的に行っている。バラバラではあるが、〝群衆〟は決して消え去っていない、という気がしてくる。いまもし戦前のような、政治性をもった軍部が存在していたら、「腐敗一掃」をとなえる軍事クーデターがきっと起こっていたことであろうと思いたくなる。

ずいぶん前に、群衆の動きを研究している人から、面白い話を聞いたことがある。その人によれば、物理的に、群衆の混雑の度合を密度（人／平方メートル）であらわすという。一平方メートル六人はちょうどエレベーターの定員の標準（十二人用なら面積は二平方メートルということになる）。この六人定員が八人になっても新聞が読める、落し物も探せる。十人になると四囲から体圧が加わる。手のあげさげもままならなくなる。十二人では悲鳴があがる。十四人になると災害の一歩手前ということになるそうな。

そして、物理的な群衆論は、実はそのまま群衆心理へと使えるのである。事実、ヒトラーの『マイン・カンプ』はその手法を手品のように明かしている。群衆密度が高まると理性が弱くなり、感情が昂《たか》ぶってくる。疲労や空腹が加わると傾向はいっそう強まる。ヒトラーはそこをねらった。演説は夕方をえらぶ。そして親衛隊により前後から聴衆を圧迫し、群衆密度を高めた。そこに火のような感動的な名セリフを叩きこんでいった。

ヒトラーは、明らかに人間は加工されやすい憐《あわ》れな動物であることを見抜いていたのである。物理的に、そして心理的に圧力をかけて群衆密度をあげていくことで成功した。恐らくかれのような天才的アジテイターがいまの日本にいれば、訓練のない幼児のような一人ひとりの人間を群衆化することなど、お茶の子さいさいであろう、と思うのである（幸いに宰相までが今日的で、到底その能力のないことを慶《よろこ》びとしよう）。

歴史に学べば容易にわかることであるが、国家の避けがたい老朽化の前兆は、常に、民族の精神の支柱となっていた理想の衰微ということである。われわれはその例を山ほどみている。理想が光を失うにつれて、活気づけられていた政治的、社会的、文化的なあらゆる基盤がゆるぎはじめるのである。そして理想が消滅するにしたがって、民族は団結と統一とエネルギーの源泉となっていたものをどんどん失っていく。民族としての集団的な利己心は、極度に発達した個人的な利己心にとってかわられ、気力の減退と行動能力の低下とがそれにともなってくる。

大国はこうやって滅亡へ突き進んでいった。それが歴史の教訓というものである。つまり国家はもはや孤立した個人の集合にすぎなくなってしまう。辛うじて伝統や習俗によって、人為的になおしばらくは集合して結びついているが、やがてそれぞれの利害関係や幻想によって、ばらばらに分裂しはじめる。そして滅亡へ——。

現代の日本の状況はまさにそれ、と悲壮がっているわけではない。でも、なにやら似ているところがあるのではあるまいか。そう思う。

そして、より危険なのは、そこまでになると、かえって人びとはごく些少《さしょう》な行動までも指導されることを求めはじめる、ということ。人びとは、「群衆の知的作用は個人のそれよりもおとるかもしれないが、その道徳的・建設的態度は個人の水準をはるかにしのぐ」といった悪魔的なささやきに耳をかたむけていく……。

いまの日本の政治的危機は、単に自民党解体の危機だけですむことではなく、政党全体の危機でもある。政党の凋落《ちょうらく》は〝官僚〟制の強化につながることは、歴史の教訓でもある。ここでいう官僚とは汚濁した個々の高級官僚をいうのではなく、制度としての官僚である。

これに政党内部の「革新」「改造」「刷新」をとなえる勢力とが巧妙に結びつくと、それは昭和十年代のいつか来た道となるであろう。これまた日本の近代史が生きた教訓をわれわれに残している。

こう考えてくると、山本五十六ではないが、世はなべてコトもなしを手放しで慶賀してばかりもいられず、いまや時代のかわり目、これからの国論（衆愚の）はいずれに向くや、いささか心配になってくる。

「太平洋戦争ってナーニ？」
——歴史は面白い

五・一五事件

久しぶりに編集の現場にもどって『「文藝春秋」にみる昭和史』（全三巻）をまとめるという仕事をした。幸いに読書界に好評をもって迎えられ、〝呼び出し太郎〟の冥利《みょうり》を味わっている（編集部注／国会の議事進行係を通称「呼び出し太郎」と呼ぶ）。作業を進めながら、ついでに、しまってあった新聞の切り抜きやメモなどをひっぱりだし、読み直すことで、昭和史の面白さを改めて知らされた。仕事をしながら勉強ができるのは、現役の編集者の余得であり特権というものであろう。

たとえば第一巻の、昭和七（一九三二）年の五・一五事件の解説で、犬養毅《いぬかいつよし》首相の有名な科白《せりふ》「話せばわかる」に、わたくしはあえて触れなかった。なぜ書かなかったのか、と問う人がいる。画竜点睛《がりようてんせい》を欠くというわけなのだろうが、わたくしの理解のうちに一点のくもりが漂っていて、書くことを躊躇《ちゆうちよ》させた。

「西日本新聞」昭和五十四（一九七九）年九月十四日号のこんな記事の切り抜きが手元にある。満洲の大馬賊張作霖の息子張学良《がくりよう》の家から、犬養の怪しげな領収書がでてきて、犬養を襲撃した青年将校が「キサマも張学良からカネをもらっておろうが」と詰問した。これにたいして首相が「そのことならば話せばわかるから、こっちへ来い」といったが、問答無用とばかり、撃ち殺された。これが真相だと切り抜きは明かしている。

いずれ、ほかの文献なりで確認してみようとでも思って、切り抜きを保存していたのであろうが、その後はすっかり忘れていたとみえる。こんど改めて目にした以上、真偽を確認するまでは、歴史に残る名文句であろうと、解説にいれまい、歴史を編むものの心意気であると、ひとりで悦にいった。

それにつけても、人間がつくる歴史というもの、良いことも悪いこともしながら行為を積み重ねてきた歴史の跡というものは、底の底が知れなくて、調べれば調べるほど面白いとつくづく思う。山のような史料から、あるいはまったくないような史料を微細にわけいることから、史料の背後にあって隠れている事実、史料がそのものとしては語っていない事実を、これこそ「真」として浮かびあがらせる。その作業がつまり歴史を学ぶことなのだろうが、それは推理小説を読んだり考えたりする以上に、面白いと思うのである。

張作霖爆殺

いわゆる昭和史前半の〝十五年戦争〟の導火線に、火を点じたともいえる昭和三（一九二八）年六月の「満洲某重大事件」張作霖爆殺が、いまでは日本陸軍の陰謀であることは明らかになっている。しかし、当時でも、なぜあれほど早くバレてしまったのか。そんな疑問を解くカギとして、岩波新書の森島守人《もりしまもりと》氏の著書に、奉天総領事 林久治郎《はやしきゅうじろう》の慧眼《けいがん》がありありと書かれているが、こんどはまた松村謙三《まつむらけんぞう》の『三代回顧録』（東洋経済新報社）を読み直して、もっとはっきりした。

そこではこんなふうに語られている。暗殺直後に偶然に現地に着いた松村が林総領事から、思いもかけぬ真相を聞かされるのである。現場には二人の中国人の死体があった。関東軍はこの二人が犯人であると主張しているが、二人ともアヘン中毒者でとてもこれほど綿密で大胆な仕事ができるはずのないということ。しかも日本軍の監視所から爆薬を埋めたところまで電線が残っていた。いくら糊塗《こと》しようとしても、立ち会い調査した中国側にすぐばれてしまったということ、云々《うんぬん》（お粗末な工作であることよ）。

欄外に、『小川平吉《おがわへいきち》関係文書』（みすず書房）を見ること、とわたくし自身のメモまでが記されている。かつていちど調べたことがあった、という記憶が蘇《よみがえ》ってきて、『関係文書』を改めてとり出してみた。なるほど、この大著のなかの、小川が中国に派遣していた工藤鉄三郎《くどうてつさぶろう》からの報告書簡に、面白いことが書かれている。

それによると、現場にあった二つの死体は、伊藤謙次郎《いとうけんじろう》を通じての主謀者河本大作大佐の頼みで、安達隆成《あだちたかなり》が反張作霖の劉戴明から提供させたものであった、とわかるのである。

こうして何年ぶりかの復習となって、この大著のここかしこを歴史好きのシロウト探偵よろしく、しばし嗅《か》ぎまわった。この殺された二人の中国人の家族へ渡す金や、劉戴明を大連へ逃がすための資金などを、満洲の工藤と安達が、東京の小川に依頼してきている。金のかからない陰謀はないから当然の話。これにたいして小川が五千円送った。ところが、この金の大半がなんと陸軍から出ているではないか。

昭和四年七月二十三日付の白川義則《しらかわよしのり》大将の小川宛書簡が、終わりのほうに載せられている。

「拝啓、今朝御電話之件に付漸《ようや》く参千丈調之候間可然御取計被下度候。申す迄もなく既に交代後に付今後は小生の手にても最早処置致兼候次第御諒承《ごりようしよう》下度候。敬具」

そしてつづいて、七月三十日付の工藤・安達両名の小川宛電報。

「御好意謝す。三〇確か受取った。工藤、安達」

白川大将は、昭和四年七月一日まで田中義一内閣の陸相だったが、七月二日に宇垣一成《うがきかずしげ》大将と交代している。書簡にある「既に交代後」とはそのことをさす。しかし爆殺当時は陸相、その人がもみ消し工作のための資金三千円をだしている。陸軍機密費からひねりだしたものであることに、間違いはない。なにしろ世界的恐慌前夜の三千円である。つまりは張作霖爆殺の陰謀は関東軍だけではなく、陸軍中央ぐるみの陰謀であったことを証するのではあるまいか。

それだけに、主犯河本大佐の名が明らかになったあと、陸軍は河本を処罰させてなるものかと、一丸となった。元陸軍大将岡村寧次《おかむらやすじ》のこの前後の『日記』には、注目すべき記述がつぎつぎにあらわれる。その幾つかを。

大正十二（一九二三）年十二月五日　河本大作、板垣《いたがき》、永田《ながた》会合。

同十二月十三日　河本、永田、板垣、小畑《おばた》が、岡村の支那行の送別会を三河屋で。
昭和二年一月十六日　二葉亭で会合。出席者は永田、小畑、板垣、東条、岡村、江副《えぞえ》。
同六月二十七日　二葉亭で、山岡重厚《やまおかしげあつ》、河本、永田、小畑、東条、岡村会す。
こうして会合をたえず重ねていき、そして事件後の昭和四年になると、何が討議されたかがもっと具体的になる。
一・一七　木曜会、永田、岡村、東条。『政治と統帥』が議題。
二・一〇　二葉会、渋谷《しぶや》の神泉館で。黒木、永田、小笠原、岡村、東条、岡部《おかべ》、松村、中野参集。在京者全部出席。河本事件につき協議す。
三・二二　二葉会。爆破事件（河本事件）人事などにつき相談。
六・八　二葉会、九名全員集合。河本事件につき話す。
こうした会合に顔をだすメンバーはすべて佐官級、当時の陸軍中央部の中核をなしていた。改めて名を示すまでもないだろうが、永田鉄山《てつざん》、小畑敏四郎《とししろう》、板垣征四郎《せいしろう》、東条英機、岡部直三郎《なおさぶろう》、中野直晴といった面々。そして引用した部分には名がないが、石原莞爾《かんじ》、鈴木貞一、土橋勇逸《つちはしゆういつ》、武藤章《むとうあきら》らも志を同じくしていたのである。
これら錚々《そうそう》たる中堅が上部を突きあげるのである。ついには陸軍出身の田中首相が、公表を避け行政処分で決着をつけようという白川陸相案を、やむなく呑《の》まざるをえなくなる。行政処分なら、河本大佐らは警備担当者としてそれを防ぎえなかった、ということが問われることになる。つまり犯人は関東軍にあらず、と立証しうる。

これにひきずられたがために、田中首相が天皇の叱責《しっせき》を買い辞職せねばならなかったのは、歴史の示すとおり。犯人の厳罰と真相公表により、軍の紀律を正し、国際信用を回復するという緊要のことは、とうとう実現されなかった。なぜそれができなかったのか、そしてこのことが、その後の昭和史の歩みにどんな悪影響を与えたか、についてもまことに興味深いテーマとなるのだが、省略する。

本気だった対ソ作戦

久しぶりに編集者にもどった機会に、しばし昭和史を読む楽しさにひたったことを、いささか得意げに書いたついでに「重箱の隅」的になるが、もう一つ最近になって気がついたことにふれておきたい。昭和十六（一九四一）年夏、独ソ開戦にともなって日本が選択した危険な賭《か》けについてである。

外相松岡洋右・陸軍中央の対ソ開戦論と、海軍中央の南進論（南部仏印進駐）が対立して、七月二日の御前会議で、南北併進の二正面作戦という国策を日本は採択する。多くの説では、このとき陸軍が主導した関東軍特種演習（関特演《かんとくえん》）の、真に意図するものがあまり明瞭《めいりょう》にされていなかった。日本流の、あちらも立てこちらも立ての国策決定であったのではないか。陸軍の示威行動にすぎなかったのではないか、などなど。

ところが海軍次官澤本頼雄《さわもとよりお》中将の日記を、ちょっと丁寧に読みすすめるうちに、おかしなところに気がついた。実のところ、陸軍中央と関東軍は本気で対ソ戦の実行を考えていたのではあるまいか、というごく当然の点に思いついたのである。澤本日記の注目すべきところ二、三を拾う。

「翰長《かんちょう》〔富田《とみた》健治《けんじ》内閣書記官長〕より岡《おか》〔岡敬純《たかずみ》軍務局長〕へ、昨日 Grew〔駐日米大使〕が総理に面会を求む、内容は〝日は蘇を討つと云ふが之は米は困る〟の Roos. t〔米大統領〕の message なりと。対策相談す。陸軍は益々北方増兵を行ひ、初め熟柿《じゅくし》主義が今は変じて積極的に発動し、今の中に蘇聯《ソれん》を打てと云ふ主義なり」（七月七日）

「7―5参本〔参謀本部〕と懇談要旨。7―13動員、7―20運輸始、8月中旬終了、兵数は現在の三〇万より七〇～八〇万となり、徴用船九〇万頓を要す（十六師団体制）、中城湾《なかぐすく》及船浮《ふなうき》に臨時要塞《ようさい》を下令す。

次で六大都市に防空を令する予定。
対蘇戦・決意せば更に8D〔師団〕を増し、在満一〇〇万兵となる（24D）、16D体制ならば、対南方基幹師団6Dなるも、24Dとならば4Dに減ず」（七月八日）

グルー大使がわざわざやってきて、ルーズベルトの伝言を伝えるのも面白い事実であるし、対ソ戦が起きれば南方へ回せる陸軍兵力が四個師団になるのを特記し、海軍がひどく憂慮している気持ちが察せられるのも面白い。

そしてこれは戦後の手記になるが、元大本営参謀瀬島龍三《せじまりゅうぞう》氏証言の『北方戦備』（未刊行）には、これらを裏付けるような記述がある。ソビエト軍にたいする武力行使の場合の作戦構想として、

「武力行使は、極東ソ連軍の戦力半減し、在満鮮十六ヶ師団（新に増派せる二師団を加へた）を以て攻勢の初動を切り、後続四ヶ師団を逐次加入し、約二十師団基幹を以て第一年度の作戦を遂行し得る場合であること。但し大本営としては総予備として更に約五ヶ師団を準備し、之を満洲に推進する如く腹案す」

結果的には、予想に反して武力行使の第一要件たる「極東ソ連軍の半減」は成立せず、攻勢は断念することになるのだが、こうした陸軍の暴走を恐れたことから、八月上旬の、

一連の大本営政府連絡会議で「対ソ外交交渉要綱」をとりきめることにもなったのであろう。天皇が、連絡会議の決定の「紛争生起するも日ソ開戦に至らざる如く」するが、「ソ側の真面目なる進攻に対しては、防衛上機を失せず之に応戦す」とある文言に意をとめ、

「謀略などやらぬように」

と参謀総長に強く念を押すあたりの史実を交えて、陸軍の対ソ作戦がどのくらい根深いものであったか、単なる示威行動であったと看過することなく、もう一度深くさぐってみることは、価値あることのように思われる。

歴史における「真」と「実」の問題がここにある。事実としての「実」はちょっと史料をさぐれば、手に当たる。しかし「真」は、多くを読み、調べたところで簡単に手に入るものではない。常に歴史に親しみ、追体験し、想像力をふくらませ、よく考えながら育成していく「歴史を見る眼」の問題ということになろうか。自分の見方をもつことなくしては、歴史を楽しみ、そこから意義や教訓を多く引きだすことができないのかもしれない。

歴史好き

亡き池島信平《いけじましんぺい》氏に『歴史好き』(三月書房)という好著がある。元文藝春秋社長という

肩書きより、歴史家あるいはわれわれ編集者の先達として、わたくしにはほんとうになつかしい方である。そしてこの著は、そのお人柄そのまま人懐っこく、親しい文章にみちている。

そのなかのエッセイの一つ「歴史のおもしろさ」で、池島さんは書いている。

「歴史学者というものは、史学は好きであるが、かならずしも歴史が好きとはいえない。その点、作家の方が知識が応用自在で、本当の歴史好きがいるものである」

そして海音寺潮五郎《かいおんじちょうごろう》、井上靖《いのうえやすし》、松本清張《まつもとせいちょう》、大佛次郎《おさらぎじろう》、司馬遼太郎《しばりょうたろう》、今東光《こんとうこう》、柴田錬三郎《しばたれんざぶろう》の諸氏を、歴史好きのAクラスにあげ、「歴史好きというものは、歴史自身がおもしろいので、別にこれを知っていると、どれだけトクをするという効能を目当てにしているわけではないが、どうも歴史を好きな人間は、モノをタテに冷静にながめることが出来るのが取柄」である、と解説する。

さらに、一例として、池島さんは足利尊氏《あしかがたかうじ》のことにふれている。足利尊氏を逆臣とする考え方の本家本元は、水戸《みと》学の『大日本史』あたりだが、この水戸学の開祖の水戸光圀《みつくに》が、「将来、足利家に男の子が絶えた時、逆賊の家には天下の大名からだれも養子に行く者はないだろうから、その時は、水戸家から養子に出すように……」

といった話を紹介し、池島さんはこう書くのである。

「学問の精神からいえば、順逆の別をハッキリ立てるが、人情といった点から、足利氏という古い武門の名跡をいつまでも残したいという、そこに当時の政治家のすぐれたチエというものが感ぜられるし、日本の歴史に流れている、何か『あたたかさ』といったものを体質的に感得出来るのである」と。

敗戦という大変革期に、日本の知識人や言論人は口をそろえていった。「過去の日本はすべて間違っていた。一億総懺悔だ。なにもかもこれからはじまる」と。

同じようなことをまた、もっと過去の日本人もやっていた、という事実を思い浮かべるとき、日本人という民族は実に不思議な性向をもっているものよ、と苦笑を禁じえないのである。それは明治天皇の侍医でもあったドイツ人ベルツの『日記』にある。明治維新後の新時代の日本青年がかれに語ったと、こう記す。

「日本には歴史なんてありません。なにもかもこれからはじまるのです」

なんたる一致！　と嘆じてもはじまらない。連続しているはずの歴史が、変革に遭遇するたびに、全否定の憂き目をみるようでは、きちんと一貫した歴史や人間が書かれるべくもないのである。

こう書くそばから、皇国少年であったかつての日の、東洋史の授業が思いだされてきた。一つの時代からつぎの時代への発展という型で、中国史を教えられた覚えはなかった。隋《ずい》も唐《とう》も宋《そう》もブツ切りでは、今日の中国人の精神の発展史を学びとるわけにいかぬばかりか、『三国志』の雄大なスケールも、『十八史略』の奥の深さも知ることができなかった。われわれ日本人のほうが野蛮人なのではないか、という感を深くさせる『史記』一冊の世界とも、まったく無縁であった。

そうした戦時下の教育カリキュラムへの批判から、戦後の新しい教育として社会科が設置されたのであろうが、なんとも奇妙な歴史観をもつ若ものたちがふえてきたのは、いったいどうしたことなのか。それに歴史はつまらないと一様にいう。さらにいえば、一時代も二時代も前の、岩波新書『昭和史』をめぐる論争ではないが、戦後の歴史教育に人間が消えてしまったのはどうしてなのか。

その理由は、歴史が社会科に組みこまれて、社会科学の抽象的な理論のようなものによって歴史が説明される傾向が強くなったからだ、と説明されている。おそらくほんとうのことなのであろう。歴史教育の現状にあまり知識のないわたくしでも、身の回りの諸体験から納得する場面が多い。

なるほど、歴史というものを連綿たる人間の営みととらえず、切り抜き細工のように切りとって、経済的観点とか、階級闘争の視点でみようとすれば、歴史がつまらなくなるのは目にみえている。社会科学的側面は歴史の一面にすぎない。歴史または現実を動かすもっとも重要な要因である人間の心理や精神が、社会科学では無視されている。それが強調されていけば、歴史から生きた人間の姿は消え、〝人懐っこさ〟や〝あたたかさ〟は失われてしまう。つまりそれは人間の歴史ではなくなる。

たとえばつぎの歌はどうであろう。

色白にふつくらできたお饅頭《まんじゆう》あんと喰べたる味のよきかな
辛党には胸くそ悪くなるかもしれぬが、この饅頭はただの饅頭ではない。

饅頭を喰ふにつけてもおもはるる饅頭山のとれぬかなしさ

明治三十七（一九〇四）年、旅順《りよじゆん》攻略が遅々として捗《はかど》らぬときの、乃木希典《のぎまれすけ》大将の詠んだものである。乃木といえば殉死がすぐ想起されるような、謹厳《きんげん》実直の人柄しか浮かばないが、一面ではこうした茶気をもっていた。そして旅順開城にさいして「敗将の身にもなって考えてもみよ」と、アメリカからはるばるきたニュース映画班に会見の場へ入ることを断じて許さなかった、というサムライ精神をもっていた。この思いやりこそ乃木の人間味であろう。この人間味は、かの歌の素朴さとユーモアを楽しめる人にして、はじめてもちうるものである。その乃木の名を知る若ものはぐんと少なくなった。

歴史教育について

こんどこれを書くために、曲りなりにも社会科の成立について調べてみて、ちょっと驚いたことがある。くわしく書くスペースはないが、社会科の戦後の日本への導入は、ミズーリ州の教師であったオズボーンという年若い少佐の、強硬な主張を基礎においたという。かれはGHQの民間情報教育局教育課の一課員であった。

文部省は、それをただちに導入することは多くの困難な問題に直面することとなる、また、歴史は独立させて年代順に教えなければならない、と反論した。しかし、オズボーン少佐は文部省四階の一室を利用して、六カ月にわたって、社会科とはいかなるものかを教え、日本側の主張を論破した。歴史や地理やそのほかの社会科として教えるという統合的な方法のほうが、いかに優れているか、アメリカの高校三十校で実施された八年間の実験結果を提示して、文部省の担当官を納得させた、ともいう。たしかに、その若い情熱は感服に値しよう。

社会科はアメリカの生んだ哲学者ジョン・デューイの考えに基づき、「民主的な国家・社会の形成者としての資質を養う」ことを目的とした。そのために世の中にでてすぐに役立つことを教えようとするものである。社会の仕組みや政治や、そのなかで個人生活についてなどを、くわしく教える。だが、実の話が、現状においても、デューイの教育方式はアメリカでも反対は多く、たとえばボストン、ニューヨークなど東部の各州は反対。ヴァージニアやミズーリやカリフォルニアでは受けいれられている。その比率はともに三分の一ずつ、残る三分の一はどっちつかずの形であった、というではないか（昭和三十年三月十八日、「読売新聞」）。そしてオズボーンはミズーリ州出身で、さらにその上の教育課長はカリフォルニア州出身であった。

戦後日本がそうした事情も知らずに無条件で導入した、いわゆる「押しつけられた」ものだから、社会科がおかしいというつもりはない。基本的人権に基づく公民的資質を育成する上で、戦後の社会科がはたした役割というものは、まことに偉大なものと思う。もはやいかに国家が強調されすぎようと、ひっくり返らないほど個人の人権が確立された。

それを認めた上で、つまり社会科教育のプラスを確認した上で、その功罪の〝罪〟の部分にも、少しは光を当ててもよいときが来ているのではないかと思う。初期のころ、さまざまな笑い話があったらしいが、社会問題を、暗記物としてではなく、「自分で調べ、自分で考える」という大きなプラスの方針も、いまでは形骸化《けいがい》しているのではないか。

いや、形骸化だけならまだよいのである。社会科教科書で「自ら調べ自ら考えている」はずのいまの子供たちは、実のところ大人たちがあらかじめ設けてある「結論」へ達するよう演技させせられているのではないか。実地ではなく、机上の社会検索である。それではかえって、「自ら調べ自ら考える」ことの困難と、それだけに味わえる楽しさとを、子供たちから奪ってしまっていることになる。つまりこの点では教えすぎである。

見せかけだけの「自ら調べ自ら考える」ことは、実は管理体制のなかに、子供を組みこんでしまっていることである。自由な発想や、ひとり楽しめる調査や、潑溂《はつらつ》たる反論などは、形骸からは生まれてこない。

それともう一つ。わたくし自身が偉そうなことはいえぬのだが、よくいわれるように、社会や組織にたいする追求は強くなる一方、個人のモラル確立への無関心について、いったいどう考えたらいいのだろうか。一人ひとりの人間のうちに、自分の信ずる幸福を追求する権利を認めたのは、戦後日本人が手にした基本の原理であった。そしてそれが今日の繁栄をもたらしたともいえる。といって、社会にたいする個人の責任とか、奉仕とか、当然あってもいいモラルが失われてしまって、それでいいというものではあるまい。

神様や教育勅語をもういっぺんもってこいというのではない。もっと内面的な基準の確立、いいかえれば人間の誠実とか、〝あたたかさ〟とか、愛情とかいうものの上に、新しいモラルを樹立することが必要なのである。

昔、デルフォイの神殿の正面の扉の上に、二つの箴言《しんげん》が刻んであった、と何かで読んだことがある。一つは「己れを知れ」であった。そしてもう一つは「度を過ごすなかれ」。

いまわれわれは、己れを知らず、度を越しすぎてはいまいか。

いやはや、度を越して身にそぐわぬことを書きすぎた。書きたいテーマは〝修身〟ではなかった。〝歴史教育〟についてであった。

太平洋戦争ってナーニ?

文部省の教育課程審議会は、昭和六十二（一九八七）年十一月二十七日、審議のまとめを公表し、高等学校の「社会科」を地理歴史科と公民科とに分け、かつ世界史を必修にすることを明確にした。ところで、これを報じた新聞各紙は、ものすごい勢いでこれに嚙《か》みついている。「歴史独立は憲法への挑戦」「〝解体〟が戦前の亡霊復活につながる」（朝日）、

「教育の場に〝戦前〟の響き」（毎日）、「民主主義教育の危機」（読売）など。新聞の、反政府・反文部省的立場や主張には馴《な》れてはいるものの、これらを眺めたかぎりでは、ああ、また皇国史観へ逆行するのか、と読者が短絡して考えても不思議はない。ところがよく読んでいくと、「審議会で、当初から世界史必修・地歴独立を強硬に主張した委員は二人しかいない。文部省の周到な根回しがあったにせよ、それが、なぜ成功したのか。高等分科会の独立強硬派の委員の一人は『委員たちが素人の集団だったからですよ』と言った。二十余人の分科会メンバーは、ほとんどが財界人やジャーナリスト、社会科以外の分野の学者などで占められていた」（朝日）なんて書かれている。要するに、なにやらシロウト集団がひとにぎりの強硬派におされて政治的かつ〝拙速〟できめたことについて、各新聞は大いに憤慨しているらしいのである。

もう少し公平に、解説的にいえば、黒羽亮一《くろはりよういち》筑波大教授の新聞に寄せた論が、当をえているのではないかと思う。

「『歴史は社会科学の面ばかりではない』『世界史選択は愚行でもとに戻すべきである』という意見は、教科書教育専門家の集団の中では少数意見でも、社会全般には常識であった。……今回の改正要求も……早くから行われていた。文部省がそれへの対応にもたついてい

たから、最後はクーデターで決まったような印象を一時世間に与えているというところか」（日経）

わたくしはいまの教育論議にうといから、教科書教育専門家の集団の少数意見がどんなものか知らない。が、少なくとも「歴史は社会科学の面ばかりではない」という常識に与《くみ》するものである。それに公民的資質の養成を考える教科と歴史とは本来別のもの、これも当然の常識であろう、と思うものである。

また、いくらうといといっても、いまの日本の教育がむつかしいところにあることは承知している。教育と政治とは異なる次元のものであるとはいえ、現実に文部省・日教組の対立が根本にあるから、どうしても政治が介入してくるのは避けがたい。

だがマスコミまでが、教育問題を考えるとき、政治やイデオロギーの観点から見すぎてしまうのは、どんなものか。いま言論界で必要なのは、戦後教育の花形といわれた社会科の教育は、あるいは歴史の教育は、現在の時点でどうあるべきか、という現実的な問いかけである。戦後教育の見直しイコール戦前回帰、歴史の独立イコール皇国史観への道、といったようなワン・パターン思考は、ジャーナリストのもっとも忌《い》むべきものであるはずである。もちろん戦前の復活なんてとんでもない。しかし昭和三十年後半以降の日本に、戦前にもどる危険などほとんどない。戦前とは、基本的に違った社会が育ち形成されてきている。誇大妄想論的論者がいくら〝戦前回帰〟を叫んだとて、実現すべくもない。アナクロニズムもいいところである。それを疑うなら、これまでの社会科教育を根本的に考え直さなければなるまい。

われわれは、皇国史観復活などありえないほどに、強固な民主国家を築いてきたのである。だから戦前復活など、もともと非現実的なものであるのに、それが実現するかのように錯覚してか、民主主義教育の危機だとスローガンを押したて、逆コース反対だけを叫んでいるのは、日本の現在のいちばん大事な問題にかかわろうとしない点で、同じくらいアナクロニズムというほかはない。

昭和五十（一九七五）年春、「毎日新聞」が報じた記事の切り抜きがある。「太平洋戦争ってナーニ？」という調査であるが、山本五十六や東条英機はもちろん、太平洋戦争も、日本が戦争で負けたことすら知らない二十歳代の若ものがいる、というのである。わたくしの周囲にも、学校を卒業しても太平洋戦争と朝鮮戦争とどっちが先か、区別のつかぬ者が山ほどいる。

いまの若いひとは、当然知っていなければならない歴史上の人物とか、事件とか、歴史の流れとかをまったく知らないのである。この点では、戦後の歴史教育の弊害は、教えなさすぎることにあったと思う。

事態は教育のワクを超えている。世界のなかの一国家として、この情況は、国際化時代を鉦《かね》や太鼓ではやしたてる以前の、許しがたい歴史的責任の放棄というほかはない。ことあるごとに歴史を正確に記述し、国家あるいは人間的責任の所在を明確にし、子や孫に重要な遺産として語りついでいこうとする欧米と、いまの日本の現状とでは天地雲壌《うんじょう》の差というほかはない。いま「歴史なき国民」と化した日本人は、結局、歴史について責任を負えない、いや、負おうとしないのである。そしてことあるごとに、歴史的健忘症というあいまいな態度をとりつづけ、ひたすら時間の経過に俟《ま》つというい まのあり方で、どうして世界の国々と対等に伍《ご》していこうというのだろうか。「歴史なき国民」が育っている現状こそが、いまの日本の歴史教育の現実というもので、これ以外のものではない。

いま論議すべきは、社会科のワクをどうするかよりも、歴史教育はどうあるべきかについて、である。教科書の中身をどうするかについて、である。

歴史とは比類なく巨大で多様な物語である。そこには人間の英知や愚昧《ぐまい》、勇気や卑劣、善意と強欲のすべてが書きつらねられている。歴史とは何かは、つまり、人間学に到達する。しかも歴史は大きな時代の力というものを、労なく見せてくれる。人間は歴史の流れに漂って生きることを教え、その巨大な力の一方に変わらない共通の人間性、人間を律する不易の道徳というものがあることを、われわれに教えてくれる。歴史を学ぶことで、人間とは何かを知り、人生にたいする英知を身につけ、よりよく生きる道を探りあてることができる。それは多くの心ある先達のいうとおりである。

いや、そんな大それたことをわたくし如きが論じなくてもいい。わたくしがいいたいのは、歴史を学び知ることがどんなに面白いことであるか、についてだけである。歴史好きのひとりとして、この面白さを若いひとたちに何とか知らせてやりたいと、思うばかりなのである。

第二章 「大艦巨砲」よ、さらば！

ノモンハン事件症候群
——南進・対米戦争への道

不問にされた無謀な「戦争」

昭和十四（一九三九）年九月一日、百五十万のドイツ軍部隊が、ポーランド国境を越えて攻撃を開始する。第二次世界大戦のはじまりである。このヨーロッパ情勢の激変もあり九月十五日、ノモンハン付近の国境線をめぐる日ソ戦は早急に停戦協定が結ばれ、終結した（〈編集部注〉昭和十四年五月に始まったノモンハン事件で、関東軍は大本営の方針に背いて戦線拡大したが、ソ連軍の優勢な火力により第二十三師団壊滅の大敗を喫した）。歴史に「もしも」はないが、あのまま戦闘がつづけられていたならば……は、「運命の十年」を考える上で絶好の面白いテーマとなる。つまりは、日本はこの事変から何を学んだか、ということに帰結するのであるが。

ところが、組織というものは今日もまた同様で、失敗の研究を徹底的にし、その責任を明らかにしようとはしないものである。文字面としての各論は一応は残すが、頂点まで責任の及びかねないことは「そこまで」でとどめるのを常とする。この場合はまさにその典型となったのである。

翌十五年一月、陸軍中央に設けられた「ノモンハン事件研究委員会」はその結論となる報告をまとめている。それは、作戦計画や戦闘そのものの調査研究はもとより、統制・動員・資材・教育訓練・防衛および通信・ソ連軍情報など多岐にわたるものであった。それぞれの「報告」では核心をついたことがいくつも記されている。たとえば、

「……火力価値の認識いまだ十分ならざるに基因してわが火力の準備を怠り、国民性の性急なると相まち誤りたる訓練による遮二無二の突進に慣れ、ために組織ある火網により甚《じん》大《だい》なる損害を招くにいたるべきは、深憂に堪えざるところなり」

とある。これはもうそのとおり。ノモンハン戦で、もっとも勇敢に戦った第二十三師団野砲第十三連隊の実情をみれば、「火力の準備を怠り」の事実はシロウトにも納得させら

れる。この師団砲兵が機械化の遅れた輓馬《ばんば》砲兵であったことはさておいても、その火砲は想像を絶するほど旧式であった。たとえば、歩兵直接支援とはいえ近距離用の三八式七五ミリ野砲は、全陸軍中もっとも古い明治三十八（一九〇五）年制式の代物で、ほかのどこの師団も使用していなかったのである。

ところが、「報告」はこのあとに「優勢なる赤軍の火力に対し勝を占める要道は一に急襲戦法にあり」という余計な文章を加え、せっかくの正しい判断をぼかしてしまう。日本陸軍の骨髄をなす白兵突撃の尊重は狂信の域に達していたらしい。

それゆえに、総判決はまことに怪しげなものとなっている。

「戦闘の実相は、わが軍の必勝の信念および旺盛な攻撃精神と、ソ連軍の優勢なる飛行機、戦車、砲兵、機械化された各機関、補給の潤沢との白熱的衝突である。国軍伝統の精神威力を発揮せしが、ソ連軍もまた近代火力戦の効果を発揮せり」

そして当然のことながら、ここから導き出される結論は、

「ノモンハン事件の最大の教訓は、国軍伝統の精神威力をますます拡充するとともに、低水準にあるわが火力戦能力を速やかに向上せしむるにあり」

こうして根本となるべき作戦指導者の杜撰《ずさん》かつ独善的な作戦計画と、前後を考えぬ無謀

そして泥縄的な戦争指導は不問とされ、闇に消えていってしまっている。しかも事件後に一新された参謀本部には、総判決にいう「火力戦能力を速やかに向上」というお題目を突きつけられても、どうにも施すべき妙策もなかった。せいぜい「修正軍備拡充計画」とそれに並行する「支那《しな》派遣軍の兵力整理」に着手するのがやっとで、しかも、いずれの計画も実行不可能は目に見えていたのである。

しかし、このとき、救う神があらわれた。昭和十五年五月十日、ドイツ軍は矛先《ほこさき》を西部戦線に転じ、ベルギー、オランダを攻撃。マジノ線を突破してパリへの電撃的な進撃作戦を開始した。そして六月十四日にパリが陥落する。

焦燥と無力感にうちひしがれていた陸軍中央は生き返る。「支那の兵力を減らすことばかり算盤をはじいて支那逐次撤兵まで決めていた陸軍省軍事課が、すっかり大転回して対南方強硬論をとなえた。これからすぐシンガポール奇襲作戦をやれ、というのである」（種村《たねむら》佐孝《すけたか》『大本営機密日誌』芙蓉書房）という形容のしようもないハシャギようとなるのである。

外圧でなされた軌道修正

すなわち、昭和十五（一九四〇）年夏ごろから、日本には奇妙なほどに「南進」の大合唱が沸き起こってくるのである。ノモンハン事件の翌年に成立した第二次近衛《このえ》内閣は、七月二十七日には大本営政府連絡会議が陸軍の主導のもとに「武力を用いても南進」という重大な国策を決定する。根拠なき自己過信、驕慢《きょうまん》な無知、底知れない無責任と評するのは容易である。が、いまの日本も同じようなことをやっているのじゃないかと、そんな観察ができるだけに、情けなさはいや優る。

いや、それに輪をかけて情けないことがその後につづいて起こっている。関東軍において辻政信《つじまさのぶ》参謀とともに、ノモンハン事件をミス・リードした最大の責任者の一人、服部卓《はっとりたく》四郎《しろう》中佐がその年の十月には参謀本部作戦課へ栄転してきた。彼はただちに作戦班長となり、翌十六年には作戦課長に昇格し、八月には大佐に進級する。辻少佐はやや遅れるが、服部が課長になった少し後の十六年七月にひっぱられて参謀本部員の作戦課作戦班長として服部課長を補佐するようになる。

辻を中央へ呼び寄せることに、当時の作戦課長土居《どい》明夫《あきお》大佐が猛反対した。

「絶対に駄目だ。君と辻を一緒にしたら、またノモンハンみたいなことをやる……」と。

しかし、班長の服部の部内策謀のほうが上であった。作戦部長、田中新一《たなかしんいち》少将は慎重派の土居を切りすてた。かわって課長に昇進した服部は、いまや南進論の第一人者になっている辻を呼び寄せる。昭和十六年七月、こうして服部・辻のコンビを中心に三宅坂上《みやけざか》（陸軍参謀本部のあった場所）は東南アジア進攻一色にそめあげられていった。

辻はその著『ガダルカナル』に例によって得意げに書いている。昭和十七年七月に出張で台湾《たいわん》に飛んだときの感想である。

「台湾研究部が店開きをし、その部員に選ばれて初めて南方研究の第一歩を踏みだしてから僅《わず》か一年有半、南方作戦の編制装備や訓練を真面目に考え始めたのは十六年の正月元旦からだった。わずか半年の研究で現地の作戦計画をたて、数カ月で発動したのが太平洋戦争なのだ」

またしても杜撰な、泥縄的計画で対米英戦争へ引っ張っていったのか、という批判はもうやめる。あに辻のみならず、開戦前の三宅坂上の南進論の合唱はまこと騒然たるものであった。

いや、軍部ばかりでない。第二次近衛内閣はその組閣前の首相、外相、陸相、海相の候補との会談で、日独伊三国同盟の強化とならんで、日ソ不可侵条約締結を外交方針として早々ときめている。さらに七月二十二日の大本営政府連絡会議で「速やかに独伊との政治的結束を強め、対ソ国交の飛躍的調整をはかる」ことを正式に国策とする。どちらも陸軍中央の原案にもとづく決定なのである。ソ連を主敵としてきた明治いらいの国策はどこへいったのか。

これはもうノモンハン敗戦の後遺症以外のなにものでもないのではないか。陸軍は羹《あつもの》に懲《こ》り懲《ご》りしたのである。それが政治の分野にまで大きく浸透し影を落としていた、というほかない。そこに、やがて日本の主要外交路線となった「日独伊ソ四国同盟」という夢みたようなことが主張される温床もあった。

ノモンハン事件の衝撃波は、どのくらいの強度と持続性とを日本の軍政関係に与えていたことか。実のところ、ノモンハン事件の研究は、戦況についてはかなり進んできているが、その政治的な意義についてはほとんど着手されていない。そこに今後の問題があるであろう。それにしても、日本はかつて、そしていまも、自身の構想はなく、常に外側からの圧力によって軌道を修正し、調節して、政策らしきものをつくってきたようである。情けないというのはその意でもある。

「好機南進」の戦略的政治情況は、目先のきく服部や辻が巧みに舵《かじ》をとって造ったものか、あるいはその風潮に彼らが乗ったのか、それは定かではない。しかし、二人とももはや「北」には目を向けなかったのは確かである。かわりに「南」へ、対米英戦争への道を強力に切り開いていった。このコンビにとってのノモンハン事件のもっとも悲しくも情けない戦訓は、それであった。

ルーズベルトの甘い言葉
――むなしかった日米首脳会談

歴史に「もしも」はないが、昭和十六（一九四一）年夏、ときの首相近衛文麿《ふみまろ》がアメリカ側に提唱した近衛・ルーズベルト会談、今日でいうサミットが実現していたら、戦争を回避するための大きな機会となったのではないかと、ときどき残念に思うことがある。米駐日大使グルーも、戦争がはじまって交換船で帰国の後、「この会談が実現し、合意に到達していたならば、日本の真珠《しんじゅ》湾攻撃はおそらく起こらなかったであろう」と、米国務省のとったやり方についての不満をルーズベルトに訴えている。

この年の十月に満五十歳になる近衛は、日中戦争をずるずる拡大させたときの、優柔不断の「弱いリーダー」とは別人のような、強い意思とやる気をこのときはみせた。八月四

日、近衛は陸相東条英機《とうじょうひでき》と海相及川古志郎《おいかわこしろう》の両大将をよんで、

「これまでの会談には双方の誤解もあり、感情の行き違いもあって、真意が徹底しない恨みがあった。このまま尽くしうる一寸の道を残しつつ戦争となっては、陛下にたいし奉《たてまつ》っても、国民にたいしても誠に申し訳がない。私は直接ルーズベルトに会い、大胆率直に真意を披瀝《ひれき》して諒解《りょうかい》をとりつけることに最後の努力を傾注したい」

と、いつもと違って諄々《じゅんじゅん》と語った。

「この会談は、戦争を賭《と》しての会見となる。それまで手をつくすだけつくす。そこまで努力して戦争となるのであるなら、国民にも真に已《や》むを得ずとの覚悟をうながし、諸外国にも侵略に非《あら》ずとして理解をえられることになるであろう」

陸海両相は、近衛の熱情に胸打たれた面持ちで、黙って聞いていた。

翌日、海軍側は全面的に賛意を表明し、会談の成功を期待すると口頭で伝え、陸軍側は文書で条件付きで賛成を申しでてきた。その条件の一つは、万一会談に失敗した場合には、近衛は辞職することなく対米戦争の陣頭に立て、という申し入れであった。

近衛は軍の後押しをえていっそう意を強くして、八月六日朝、昭和天皇に自分の決意のほどを奏上した。天皇は深く感動した様子を示したが、とくに断定的なことはいわなかっ

た。しかし翌七日午後になって、近衛は急ぎ参内するように命じられ、ふたたび天皇と会った。このときはじめて天皇は、

「対日石油禁輸の問題の解決は、分秒を争うように思う。このさい、大統領との会談は緊急のこと、急いですすめるように」

とむしろ督促するかのようにいった。

こうしてこの日、近衛は天皇の強い激励と、海軍と「穏健派」重臣の後ろ盾もあって、ワシントンの野村吉三郎《のむらきちさぶろう》大使あて、首脳会談提案にたいする米政府の意向を打診せよ、との最初の訓令を送った。いっぽう、近衛自身もグルー大使と会い、巨頭会談への強い希望を伝えた。このとき、この会談で、国交調整の基本方針の合意がえられたならば、直接に天皇と連絡をとり、その裁可を仰ぐつもりであるという極秘の決意を、近衛はグルーに語っている。

グルーはさっそくワシントンに報告し、進言する。近衛は日独伊三国同盟の誤りに気づき、離脱へ勇気ある努力をしている。米政府はこれを認め、彼の意図を今回こそは真摯《しんし》なものと受けとり、会談の提案を承知すべきであると。

以上がこの会談にのぞむ日本側の決意であるが、こうなると、問題は、米大統領ルーズ

ベルトが首脳会談をどうみたか、熱意をどれほど抱いたか、それが重要ということになる。どうもマルス（戦いの神）は根性が意地悪くできているらしい。じつは日本が提案をおこなうように、これ以上に不運な時期はなかったのである。米海軍が日本の外交暗号の解読に成功していらい、日本の行動のことごとくが、ハル国務長官らワシントンの外交筋の人たちからは、単に南方への侵略政策をごまかすためのものとみられていた。とくに提案直前の七月二十八日の南部仏印進駐は致命的となり、最高に不信感を抱いたときに、トップ会議の近衛からの提案がとどけられたのである。

しかも折からルーズベルトは英首相チャーチルと大西洋上で会談するため、ワシントンを離れていた。直接に野村大使からの説明を聞く機会をもたなかった。将棋にいう手順前後、これは歴史の皮肉というほかはない。

それでも八月十一日、大西洋上で報告をうけ、近衛提案をめぐって、米英両首脳の意見が交換されている。

ルーズベルト「日本政府が南太平洋地域にこれ以上軍隊を進めず、いま仏印にある軍隊を撤退する、と公約すれば、会談に応じてもいい。しかし、いぜんとして軍事拡張の行動をつづけるなら、戦争になるとわかっても、強い措置をとらねばならない。そう日本政府にいうつもりである」

チャーチル「それはよい手順であると思う。日本人のメンツがたつ要素を十分にもちながら、明白な警告にもなっている」

ルーズベルト「日米交渉を再開するとすれば、この措置をとることによって、少なくとも一カ月は日本の侵略行動をとめることができると思う」

一説によれば、このときルーズベルトは「私は日本を三カ月間あやしておける（to baby）と思う」と発言した、ということになっている。

八月十七日、ルーズベルトはワシントンに戻ると、すぐハルと協議した。そのあとで、日曜日ではあったが、野村大使をホワイトハウスによんだ。そして大統領は二つの提案をする。一つは日本のこれ以上の武力南進にたいする強い警告であり、一つは首脳会談の提案にかんする回答であった。

「会談の場所は、ホノルルへいくのは困難である。といって、近衛首相がサンフランシスコやシアトルへ来ることも困難であろうから、東京とワシントンの中間にあるアラスカのジュノーはどうであろうか」

という大統領の愛想のいい言葉に、野村は躍る胸をおさえながらいった。

「準備に十日はかかると思います」

「気候としては十月中旬ごろがいい」

　とルーズベルトは答えた。

　野村の報告をうけて東京は急速に動きだした。八月十九日にグルー大使は電報をホワイトハウスへ打った。

「頂上会談申し込みは日本の未曾有《みぞう》の試みである。天皇の承認をえている」

　近衛は勇み立った。友人の貴族院議員伊沢多喜男《いざわたきお》が「殺されるぞ」というと、「生命のことは考えない」と胸を張った。「いや、生命のみではなく、米国に祖国を売ったとの汚名が残るぞ」といわれて、「それでも結構だ。生命も名誉もメンツも度外視している」と堂々と答えている。

　何もかもうまくいくようであった。しかし、歴史は、近衛提案がまことにむなしくはかないものであった事実を示すのである。なるほど日本の天皇や近衛の熱意に、ルーズベルトもいくらかは心を動かした。しかし、結局は国務省側の強烈な反対で、ルーズベルトは早々にして近衛提案の受け入れを断念していたという事実を。

　とくに国務長官ハルは強硬な意見をもっていた。「日本の侵略は力以外では阻止できない」以上、巨頭会談で達せられるかもしれない協定など無用無益と頭から退けた。ルーズベルト大統領はその進言をあっさり受け入れていた。それがウラの事実なのである。

じゃあ、「会談はジュノーで」という大統領の甘い言葉は何であったか、ということになる。探偵たるわたくしは、悪いのはハル国務長官ということになっていることにいささかの不審をもっている。ルーズベルトもまた「力以外では阻止できぬ」、つまり戦争を早くから覚悟していたのではあるまいかと。

大西洋上で、チャーチルがイーデン外相にあてて打った極秘電報が、そのことをあざやかに語っている。

「大統領の考えは、日本が受諾しがたい条件を示して交渉をつづけ、たとえば三十日間の時を稼ぐというのである。この交渉にはほとんど成功の見込みはない。しかし、大統領はこの一カ月は戦備完整のため貴重であろうと考えているのである」

要するに「会談はジュノーで」の甘言は時間稼ぎでしかなかった。外交とはそのようなもの、と理解できても、近衛文麿に〝悲劇の〟宰相という形容詞を、ついつい付したくなってくる話である。

海軍は「善玉」なるか？
――軍縮なんかクソ喰らえ

作家阿川弘之《あがわひろゆき》さんの『米内光政《よないみつまさ》』『山本五十六《やまもといそろく》』『井上成美《いのうえしげよし》』の海軍三部作をはじめ、全体として悲劇的で、書きやすいためもあって多くの海軍ものが出版され、太平洋戦争にかんする戦後の論調では「陸軍悪玉・海軍善玉」論がすっかり定着してしまった。今日になってもいぜんとして前記の海軍トリオが好まれている。

しかし、昭和の海軍においては、米内・山本・井上のトリオに代表される対英米協調派は、いわば傍流もいいところで、主流を成したのは加藤寛治《かとうひろはる》・末次信正《すえつぐのぶまさ》らを旗頭と仰ぐ対英米強硬派であり、日米戦争宿命論者であり、そのために好機に戦端をひらけと説く予防戦争論者であった。つまり海軍はちっとも〝いい子〟なんかじゃなかったのである。

その海軍主流の、昭和史をあらぬ方へとひん曲げた第一弾というべきが、昭和八（一九三三）年から翌年にかけて大角岑生《おおすみみねお》海相のもとで行われた「大角人事」。この結果、山梨《やまなし》勝之進《かつのしん》、堀悌吉《ほりていきち》、左近司《さこんじ》政三《せいぞう》らの対米協調派の有能な提督がつぎつぎに予備役にまわされた。山本五十六が海軍を辞めようとしたのはこのときである。

第二弾が同八年九月の軍司令部条例改正で、強硬派が多い軍令系が協調派的な軍政系の上位に立った（〔編集部注〕軍令は作戦や用兵に関する統帥事務、軍政は軍の編成や管理を行うこと）。この改正に猛反対した井上成美が海軍を去ろうとしたことも、多くの人によって書かれている。

この省部間の争いは、八年一月二十三日に、陸海軍首脳の間で「兵力量ノ決定ニ就テ」という覚書が決定されたときから激烈になった。つまり、昭和五年七月二日に決定されていた「海軍兵力に関する事項は……海軍大臣、海軍軍令部間に意見一致しむるべきものとす」という海軍省・軍令部同位の原則を、海軍省側の反対論におかまいなく、軍令部側があっさりとひっくり返したのである。

「兵力量の決定は天皇の大権に属す。而《しか》して兵力量は国防用兵上絶対必要の要素なるを以て、統帥の幕僚たる参謀総長、軍令部長これを立案し、その決定はこの帷幄《いあく》機関を通じて行われるものなり」

もちろん後段で、政府と十分に協調を保持し慎重に審議する、とただし書きを付している。が、海軍の場合でいえば、兵力量の決定は統帥部（軍令部総長）が行うから、海軍省（海軍大臣）は余計な口出しをするな、ときめたにひとしいことになった。

こうして足場をきちんと固めておいて、対英米強硬派が放った決定的な第三弾が、ワシントン・ロンドン両軍縮条約の廃棄であった。

昭和八年十月十二日、海軍主流派は早くも行動を開始している。五相会議（首相、外相、蔵相、陸相、海相）において、大角海相が覚書を提出した。

「わが国防を危殆《きたい》ならしむるが如き協定は、厳にこれを排すのはもちろんにして、また既存条約のわれのみ不利なる拘束をうける関係を持続するがごときことは、帝国の到底容認し能《あた》わざるところなり」

折から巷《ちまた》には、米国恐るるに足らず、日米戦わば式の血わき肉おどる未来戦記ものが流行し、理性的論説は影をひそめはじめていた。不利な条約から脱すべしの勇ましい声は、新聞が盛んに煽《あお》るから、一致した世論となっていく。軍縮条約反対の中心人物である末次信正中将が、連合艦隊司令長官に栄進したのが八年十一月。ただちに日米戦の危機を全軍

に強調する。翌十二月に中央公論から出た『非常時国民全集・海軍篇』には軍事参議官の加藤寛治大将が一文を寄せて、

「必ず勝つ！　青壮年諸君奮起せよ」

と声高に訴えかけている。

この条約廃棄の方針によって、海軍が政府をひっぱる政略は、昭和九年になるとより強化され、「国民生活と軍縮問題」「国際情勢と海軍軍縮会議」などのパンフレットがどんどん刊行され、不平等条約を葬れ、建艦競争は恐るるに足りない、古来戦争に敗れてつぶれた国はあるが軍備の競争でつぶれた国はない、英米の世界征覇戦略にだまされるな、などの声が町にはみちあふれていった。

ところで、小林龍夫《こばやしたつお》氏の調べによれば、当時の日米の国力差はつぎのごとし。

「昭和十年において、鋼鉄の生産高は米国の三四六四万トンに対して日本は四八〇万トン、原油生産高は米国の一億三四九一万トンに対して日本は二七万トン（国際連盟統計年報）。昭和九年の国民所得を比較すれば、総額では米国の一六七六億円に対して日本は一一二億円、一人当たり所得では米国の一四一二円に対して日本は一六五円である（総理府統計局調）」

これでなお海軍は建艦競争恐るるに足らずと豪語し、国民もまたそれを信じたのである。世論がときに〝衆愚〟となることがよくわかる話である。

さて、歴史探偵として問題としたいのは、右の統計局調にあるように、当時の日本人の生活はひどく貧しかったということ。調べてみればわかるが、高橋是清《たかはしこれきよ》蔵相を中心とする大蔵省は、悪性インフレを懸念し、軍事費の拡大と赤字公債の増発を、本腰をいれて抑制しようとしていた。

また外務省は、広田弘毅《ひろたこうき》外相が留任し、何とかして協調外交路線を進めようと苦労していた。

にもかかわらず、結局は、大蔵省も外務省も、ワシントン条約廃棄にあっさりと踏みきっている。そのことがまことに不思議千万。しかも首相が斎藤実《さいとうまこと》、大臣が高橋と広田という傑出した人物となると、いくら海軍がうまいことをいったからといって、「恐るるに足らず」などと安易に判断するとは、とても思えないのである……。

海軍は、当然のことながら、条約廃棄により世界各国において建艦競争がはじまり、これが財政を圧迫し、外交にも悪影響をおよぼすという批判にたいする反論を、ねりにねって用意していた。

（一）条約廃棄によってただちに建艦競争になるとは思えないこと。外交上かならずしも険悪化しない。それは過去の例をあげることができる。（例を略す）

（二）かりに建艦競争に入っても、日本海軍は米国海軍を主対象とするが、各艦種とも対米均等を維持する必要はない。

（三）建艦競争となった場合、製艦費としては、年平均二億円内外になると思うが、これとても従来の現有海軍艦船の代換維持のための平均一億八千万円内外、もしくは昭和九年度製艦費一億六千九百万円にくらべ、大なる増加とみなすことはできない。

これが海軍が用意した言いくるめ的甘言である。そしてそうであることは、高橋や広田の慧眼《けいがん》には、当然のことと映っていたであろう。しかもなおかれらが国策としてこの方針を認めたのは——高橋にしてみれば、暴れん坊の陸軍と違って、〝良識ある〟海軍にたいしてであるから、財政面からコントロールできるというある種の確信をもっていた、と考えられる。また広田には自分の協調外交方針で、いまはかりに海軍の主張に一歩譲らざるをえなくなっても、つぎのステップでうまくやってみせる、俺にはそれだけの力がある、との意欲満々たるものがあった。

　こうして日本政府は昭和九年十二月二十九日、ワシントン条約廃棄を通告した。自動的に昭和十一年より主力艦建造は無制限となる。その直後の十年一月の国会で、広田は外交演説を行い、そのなかでこういった。

「(軍縮条約は廃止されたが) もとよりわが政府には軍備拡張の意図はなく、真に軍備制限の精神に基づく新方式により、同条約にかわる新協定の成立を期せんとするものである。……帝国政府は、徹底的軍縮と不脅威不侵略の原則に基づく、公正妥当なる新協定を成立し、世界平和に貢献することを切望し、そのために最善の努力を致そうとするものである」

　わが〝善玉〟海軍はそんな甘いことをこれっぽっちも考えていなかった。太平洋の波の荒立つことを覚悟、というより、とくと承知していたのである。アメリカの世界戦略に屈伏してなるものか、俺たちは俺たちの道を行く、そしていざとなれば、戦うのみと考えていたのである。

「大艦巨砲」よ、さらば！

――無用となった戦艦七十九隻

いうまでもないことであるが、第一次大戦後から大正十一（一九二二）年のワシントン軍縮条約締結まで、列強は競って、より勝《すぐ》れた攻撃力、より強固な防禦《ぼうぎょ》力をもつ巨大戦艦の建造に熱中した。すなわち大艦巨砲主義がもっとも華やかに世界中で開花したときといえる。

整備された何隻もの戦艦群は、疑いもなく海軍力の根幹とみなされた。空母、巡洋艦、駆逐艦、潜水艦などを補助的兵力とみる艦隊編成のもと、海軍兵力は戦艦を中心に建設され、国家間の外交折衝もまた、巨砲の威力を背景にして展開された。二十世紀の前半はまさしく〝戦艦の世紀〟であったのである。

これがワシントン軍縮条約によって制限を加えられ、いわゆる「海軍の休日《ネーバルホリディ》」をむかえた。この休暇のあいだにも、巡洋艦や駆逐艦などの補助艦艇はもちろん、なかでも飛行機と潜水艦が多数の新機軸を織りこんで、飛躍的に近代化された。その強力化には、各国の関係者も眼をみはるものがあった。しかし、ワシントン条約につづいてロンドン軍縮条約も廃棄され、昭和十二（一九三七）年ふたたび海軍全艦艇の無条約時代が到来したときに、世界列強がもっとも重点的に努力を結集したのは、いぜんとして戦艦勢力の充実であったのである。

とくに日本海軍である。それというのも海軍が、「さらば、軍縮条約」をひそかに決意したウラに、つぎのような自信があったからである。

「軍縮を決裂させても、近年の日本の産業、文化の長足の進歩と、満蒙《まんもう》の経営によって、状況は大きく異なり心配はなくなっている。無条約時代に入ったならば、その後十年間に、パナマ運河を通れぬような超大戦艦五隻を建造、これを中心とする、日本の国情に合った効率のよい軍備を充実することによって、対米戦の勝算は得られるのである。……」

ウルトラ強硬派のひとり石川信吾《いしかわしんご》中佐の「次期軍縮対策私見」（昭和八年十月提出）の論である。そして無策の海軍首脳は、こういった強い提案にとびついたのである。対英米協調派によって結ばれた軍縮条約の、五・五・三という劣勢比率が、いかに海軍部内の士気に害毒を与えてきたことか。このガンさえ切除すれば、「我海軍はそれより生ずる士気の振興と自信とにより、たとえ想定敵国の何分の兵力なりといえども、必勝を期し得ること、日露戦役の如くならん」と加藤寛治、末次信正たちは大いに力説した。

そしてこうした信念にもとづき軍令部が艦政本部に、四十六センチ主砲八門以上、速力三十ノット、パナマ運河を通れない超大戦艦の要求をだしたのは、実に、石川提案のあと一年たった昭和九年十月。条約廃棄通告より前のことであった。これによって「主力艦兵力比較の尺度は根本より変革させられ……一躍わが方の絶対優勢に帰す」と、このとき石川の得意は天を衝《つ》いた。

もちろん石川がいうように、パナマ運河を通れない巨艦は、太平洋・大西洋の両洋艦隊を整備せねばならないアメリカ海軍にとっては、一方でしか使えない困った存在になる。日本海軍がそんな大艦を五隻もそろえたら、あるいは「絶対優勢に帰す」ことになるかもしれない。ではあるけれど、そのような大艦巨砲をこれからの海戦は要求しているのか？しかも、経費は天文学的な数字となる。当然のことながら海軍部内での議論が沸騰した。

歴史的にみて、巨砲を率先優先するのは日本とアメリカである。その日本が四十六センチ砲の巨艦を建造していると、アメリカが知ったとして、それから対抗する艦をつくろうとしても、完成までの六カ月以上は日本が優位に立つ。しかも巨砲を積むには艦型が大きくなるから、アメリカとしてはパナマ運河という大難問がある。国力の差は、量をもってはとても対抗できぬ。ならば質をもって優位に立たねばならない……という考え方が魅力的にすぎ、結局は勝ちをしめたのである。

昭和十二年、無条約時代に入ると同時に、この巨大戦艦建造を中心にすえた第三次補充計画(通称㊂計画)が、衆議院を通って成立した。

六万四千トンの巨大戦艦二隻、二万五千トンの空母二隻、駆逐艦十五隻など、艦艇七十隻、航空兵力十四隊を、昭和十二年以降五年間で整備しようという大計画で、その費用はなんと十億円に達した。もちろん、巨大戦艦のことは極秘の上にも極秘、カムフラージュしておくびにも議会には出していない。

この巨大戦艦二隻が、大和《やまと》、武蔵《むさし》であったことは、あらためて書くまでもない。世界最大の大砲をつんだこの戦艦は、日本のもてる技術の粋をつぎこんでもその最大幅が三十八・九メートルとなる。たしかにパナマ運河閘門《こうもん》の幅三十三・五メートルを通ることはできなかった。

——以上、少々わかりきったことを書いてきて、さて歴史探偵として当然つぎに調べねばならないことは、「海軍の休日」が終わったあとの世界列強は、それじゃあどうなのか、という疑問である。日本海軍だけが大艦巨砲の夢を追ったのではない、と知りつつも、実情をハッキリさせないことには、探偵としても気色が悪すぎる。

その結果ではあるが、昭和十四年九月一日、ナチス・ドイツ軍のポーランド侵攻によって第二次世界大戦がはじまったときの、七大強国の戦艦保有量と建造中の数を示すと、左の表のようになる。

さて、この建造中の戦艦のうち、日本の二隻は大和、武蔵で、これは太平洋戦争に参加している。アメリカもすべて完成、プラス六隻の十隻の新戦艦を戦場へ送りだした。イギリスは七隻のうち五隻、イタリアは四隻のうち三隻、ドイツは四隻のうち二隻、フランスは三隻のうち一隻を、それぞれ完成しているが、ソ連はゼロ。

この実情を加味して、第二次世界大戦に参加した世界の戦艦は、合計すると七十九隻ということになる。その内訳は、日本十二、アメリカ二十五、イギリス二十、イタリア七、ドイツ四、フランス八、ソ連三である。

くわしくほかの艦艇の新建造数まで書かないと、より鮮明にならないかもしれないが、

	日本	アメリカ	イギリス	イタリア	ドイツ	フランス	ソ連
建造中	2	4	7	4	4	3	1
就役中	10	15	15	4	2	7	3

結論としていえることは、戦争がはじまるまで世界の列強もまた、大型高速戦艦の建造に血眼《ちまなこ》になっていたのである。無制限競争の開始から戦争までのわずかの期間ながら、数多くの戦艦が建造中であったことでも、それがわかる。〝戦艦の世紀〟はまだ尾っぽを長く引っぱっていた。

それにつけても、この七十九隻の戦艦群ははたして第二次大戦をいかに戦ったのか？　もうご存じの方ばかりと思うが、一言でいえば、戦局におよぼした影響はほとんどなし。大艦巨砲主義の信奉者が夢みた戦艦同士の決戦は、ついに生起することがなかった。そして戦局を決定づけたのは、航空母艦を中心とする高速機動部隊の活躍であり、潜水艦による徹底的な通商破壊戦によって、であった。空と海底とを制したものが、海上をも制したのである。

よくいわれることであるけれど「軍人はつねに過去の戦争を戦う」という。戦闘の技術や方式の急激な変化を予測することは、たしかに非常なる困難なことに違いない。が、戦いがはじまってそれをまのあたりに見せつけられながら、こんなはずじゃないと、なお「過去の戦争」を戦っていたのが、対米戦恐るるに足らずを豪語した日本海軍。

戦艦大和、武蔵が主力の座をおりて、空母機動部隊の護衛の役をになったのは、やっと昭和十九年になってからのこと。それとても大和、武蔵ならばという任務ではなく、ほかに活用の舞台がなかったからである。敵戦艦を撃破するための巨砲はついに沈黙を守り、無用の重荷として空を睨《にら》んでいるばかりであった。パナマ運河がどうのこうのという話ではなかった。つまり、〝戦艦の世紀〟は終焉《しゅうえん》し、〝飛行機の世紀〟に変わっていたのである。

それが第二次世界大戦というものであったのである。

墓標一万六千浬
――五隻の潜水艦

昭和十九（一九四四）年四月下旬、ドイツ駐在の日本大使館付海軍武官室は、異常に緊迫していた。

去る三月三十日にはドイツ海軍から譲りうけたロ５０１潜水艦（Ｕ１２４号を改称）がキール軍港を出発し、日本軍人によって操艦され、日本に向かっていた。また、三月十一日にドイツに到達していた日本潜水艦イ29が、ロリアン軍港から帰国の途についている。いずれの潜水艦にも、ロケット飛行機や、最新式電波兵器の設計資料などのほか、ドイツで研究をつづけてきた優秀な技術陣が便乗しているのである。

ドイツ軍はソ連正面の戦線から敗退、イタリア戦線でも敗北につぐ敗北を重ね、海軍武官室のある首都ベルリンも連合軍の空爆によって廃墟《はいきょ》と化そうとしているときである。大西洋の制空権もすでに敵手に委《ゆだ》ねられてしまっている。そうしたとき、足が遅く防禦の弱い潜水艦が、往復七カ月余もかかる一万六千浬《カイリ》の航路を走破し、連合軍の厳重な監視の眼をくぐって、日独連絡の任務を果たそうというのである。その成功のためには超人的な努力と幸運とが必要であったろう。

ところが、さらにその上に、ベルリンの日本海軍武官室が、こうして二隻の潜水艦の航進に不安の眼を注いでいるとき、東京の軍令部より、もう一隻のイ52潜水艦が四月二十三日にシンガポールを出港、ドイツへ向かったという軍機電報が飛び込んできた。日本とドイツの間を往復する潜水艦が三隻――。去りゆく春の感傷をよそに、武官室の緊張がましたのも、決して故《ゆえ》なしとしないであろう。

太平洋戦争の戦端が開かれていらい、連合国側は協同作戦を行うため連絡を密にし、必要があれば陸上あるいは海上で、頻繁《ひんぱん》に幕僚会議をひらき、時にはそれが首脳会議にまで及んでいる。そして戦略ならびに戦術的な協同作戦の詳細について討議し、兵器技術の交流や物資の交換を活発に行った。

対照的に、三国軍事同盟を結んでいる日本とドイツ、日本とイタリア間の連絡は無線通信による以外、途絶《とだ》えてしまっていた。飛行機や海上艦船による連絡成功の可能性はほとんどゼロに等しかった。残された連絡ルートは、海面下、つまり潜水艦による方法しかなかったのである。

いま、海面下航進する三隻の潜水艦の行動を見つめながら、日独連絡の言い知れぬ苦しい歴史を、ふと駐在武官たちは回顧するのであった。

喜びの日独連絡成功

第一回連絡は、イ30潜水艦によって遂行された。艦長遠藤忍《えんどうしのぶ》中佐。昭和十七（一九四二）年四月十日、呉《くれ》を出港し、幾多の苦闘の航海をへて、八月六日無事ロリアンに入港。ドイツ滞在十六日間の後、八月二十二日に電波探信器《レーダー》と四連装機銃など機密兵器や設計図を積んで、ロリアンを出港した。

そして軍令部からの通信によれば——十月八日、マレー半島のペナン着、そして十三日朝にはシンガポールに達した。しかし、その日午後四時、本土帰還を急ぐため抜錨《ばつびょう》し、港外へ艦首を向け、航進をはじめて十数分後のことだ、イ30は日本の機雷にふれると、轟音《ごうおん》とともにひそかに見送る人の眼前で沈んだ——というのだった。戦死十三名。

第二回連絡の大任はイ8潜水艦に負わせられた。艦長内野《うちの》信二《しんじ》中佐。昭和十八（一九四三）年六月一日に呉を出港、七月下旬に大西洋に入りベルリンと連絡がとれたころ、ドイツ海軍より譲られたUボート二隻のうちの一隻、U511がシュネーヴィント中尉指揮で、無事片道航路を走りぬけペナンに入港した。そしてイ8がアフリカ東端をかすめ一路大西洋を北上中の八月六日、U511は呉に入港したことを、軍令部は喜びをもってベルリンへ知らせてきた（このUボートは後にロ500潜水艦と命名された）。

内野艦長のイ8が長い航海の終わりを迎えたのは、八月三十一日である。英本土に近いブレスト港で駐在武官たちはこの艦を迎えた。ドイツ海軍儀仗隊《ぎじょうたい》が奏《かな》でる「君が代」に迎えられた乗組員百六十名は、胸を熱くして上陸し、十数日後、パリへ。バスを連ねて市内見物をする日本海軍の将兵をみて、日本海軍がヨーロッパ戦線へ援軍を送りこんできたと、首をすくめて噂するパリっ子の姿が見られた。

このころすでに軍令部は、第三、第四の使者をドイツに派遣する計画をたて、イ34とイ29両潜水艦に準備を命じていたのである。そしてイ8の乗組員がしばしの休暇を楽しんでいたころの九月十三日、第三陣としてイ34が呉を後にしたことを、ベルリンの武官は知らされた。艦長は入江達《いりえすすむ》中佐。

イ8が帰国の途についたのは、それから三週間後の十月五日である。ブレスト港には多数のフランス人労働者がいるため、出港の洩《も》れるのを恐れ、隠密裡《り》の静かな別れとなった。

悲報はその後に来た、と駐在武官たちは回想する――十一月十三日のことだった。シンガポールよりペナンへ向かってマラッカ海峡を航進していたイ34の見張員が、「雷跡発見！」と叫んだときはすでに遅かった。次の瞬間、水柱が艦の中央に突き立っていた。待ち伏せていたイギリス潜水艦は、第三陣の〝深海の使者〟撃沈という大殊勲をあげたのである。入江艦長以下戦死八十四名。

第四陣のイ29は、イ34沈没の翌日シンガポールに入港した。艦長木梨鷹一《きなしたかかず》中佐は、この悲報にも眉《まゆ》一つ動かさなかった。彼は冷静沈着でしかも大胆、英雄潜水艦長として名をはせていた。とくに昭和十七年九月十五日にあげた米空母ワスプ撃沈は海戦史上に燦《さん》として輝く。一途に悪化の道をたどる戦勢を前に、その、虎の子の艦長を断崖《だんがい》より投ずるの無謀ともいえる決断をも、日本海軍はあえてせねばならなかった。

それだけに準備は慎重をきわめた。作業が終わりに近づいた十二月五日、イ8がシンガポールに寄港。木梨艦長は内野艦長より多くの情報を知らされ、ドイツより持ち帰ったばかりの最新式レーダーを譲りうけて装備した。準備は完了した。

イ29出港の五日後、十二月二十一日早朝、イ8は呉に無事入港する。実に出港以来二百四日が過ぎていた。初めて日独連絡に成功した深い喜びを内野艦長は感じた。乗組員にとっても、イ34の悲報があったあとだけに、感慨はひとしおのものがあったにちがいない。ベルリンの駐在武官室もこの報に杯をあげて喜んだことを記憶している。

海なる墓標の下に

イ8の日独連絡成功の朗報が日本から届いてから半年後の、昭和十九（一九四四）年六月初旬になった。ベルリンの海軍武官室に大きな衝撃が襲いかかった。長い回想に沈んでいるときではなかった。

日独間にあった三隻の潜水艦のうち、乗田《のりだ》貞敏《さだとし》少佐指揮によるロ501の連絡が突然途絶えてしまったのである。一カ月ほど前に「二日間ニワタリ猛烈ナル制圧ヲ受ケタルモ無事」という電文を発したきり、その後なんらの発信も武官室に届けられなかった。しかも、当然インド洋上に入り、油槽《ゆそう》船との会合地点に達しているべき時であるのに、軍令部からの電報は予定位置になお姿を見せぬことを知らせてきたのである。その上、六月六日、英本土にあった連合軍の大兵力がノルマンディー海岸からフランス本土に上陸を敢行してきたのである。戦勢はいよいよ急を告げた。

乗組員五十一名をのせたロ501の沈没が、生存者一名もないままにいよいよ確実となるにつれ、武官室の眼はひたすら残された二隻の潜水艦の後を追った。無事ドイツ連絡に成功して日本へ向かう第四の使者イ29と、ドイツへ向かう第五の使者イ52。二隻は六月初旬のある日、無言のまま、大西洋上ですれ違ったはずだ。

戦局は東においても西においても日に日に非となりつつあった。六月十九日にサイパン東方洋上で戦われたマリアナ海戦で海軍のなけなしの航空兵力は壊滅した。七月に入ってヨーロッパでは、ソ連軍が大規模な夏季攻勢に入っていた。

だが、朗報もあった。七月二十一日、武官室はイ29がすでに七月十四日シンガポールに無事入港したことを知らされたのである。またドイツに向かいつつあるイ52は、八月一日にロリアンに入港の予定と打電してきた。彼らは出迎えのため、危険を承知でベルリンからいまや最前線に近くなったロリアンに向かった。十日後、ロリアンに着いたころに、ベルリンに残った武官がイ52からの電報を受信した。それは予定どおり八月一日到着を伝える嬉《うれ》しい知らせである。

ところが、何があったのか、予定されたその日、イ52はなぜかその姿を彼らの前に現さなかった。翌日も、その翌日も……。いつまでも待つわけにはいかなかった。連合軍の怒《ど》濤《とう》の攻撃がパリ＝ロリアン間を分断しようとしていたからである。

九死に一生を得る思いでベルリンに帰った武官たちを待ち受けていたものは、新たな悲報だった。無事シンガポールに帰ったイ29は、呉へ帰投中の七月二十六日、米潜水艦の雷撃によって台湾南方沖で沈没したという……。レーダーの性能と操作の差は歴戦の艦長でもどうすることもできなかった。生存者ただの一名、木梨艦長以下百三名が戦死した。

イ52も沈没が確定された。目的地を眼前にしながら多くの生命が失われた。宇野亀雄《うのかめお》艦長をはじめドイツ赴任の便乗者を含め全乗組員戦死者百二十四名。

こうして潜水艦による日独連絡のすべては終わった。

それはまさしく累々《るいるい》たる死者の列であった。五隻の潜水艦のうち無事帰国したもの、わずかに一隻。譲りうけたUボート二隻のうちの一隻も失われた。無謀な作戦であったと憤る声もなく、全力を尽した海の戦士たちは海なる墓標の下に静かに横たわるのみ。日独連絡は中止され、殷々《いんいん》たる砲声が聞こえるようになったベルリンで、帰るべき術《すべ》を失った海軍武官たちは、改めて潜水艦乗りの大いなる勇気と義務に対する忠実さとを想起するのだった。

知られざる東条暗殺計画

昭和十九（一九四四）年二月二十一日、東条英機首相は陸相と参謀総長を兼任した。同時に嶋田《しまだ》繁太郎《しげたろう》海相も軍令部総長を兼ねた。重大化した戦勢を挽回《ばんかい》するために、政務と統帥を一元化して勝機をつかむというのが、その理由である。法的には統帥と政務の独立を明示する憲法に対する違反であったし、政治的には〝独裁〟のより強化を意味している。それをあえて強行したのである。

当然のことながら、心あるものはこの横暴を憂慮し、内閣打倒を真剣に考えるようになった。特に海軍部内には、嶋田海相の東条への忠勤ぶりを冷眼視するものが多く、反東条の空気は日一日と強まっていった。海軍省教育局第一課長神重徳《かみしげのり》大佐を中心とする憂国の士官たちは、たとえ非合法な手段によってでも、東条を倒すことこそ焦眉《しょうび》の急と考えはじめた。

六月、サイパン島への米軍上陸を機に、海軍の激昂《げきこう》はもはや抑えきれない段階に達した。奪回作戦をめぐって海軍は陸軍航空部隊の協力出動を要請したが、陸軍はこれを強くはねのけたのである。こうなれば政治的限界内での、穏便な方法による内閣更迭《こうてつ》は生ぬるいの声は自然と強くなる。神大佐らの計画に再三ブレーキをかけていた教育局長高木《たかぎ》惣吉《そうきち》少将も、ここに及んで、心に深く決するものがあった。

「一刻も早い方がいい。東条暗殺のいちばん確実な方法を研究してみよ」

全責任を一心に負う覚悟で高木はこう命じた。高木少将も神大佐も海軍大学優等卒業の俊秀だった。

陸海二つの暗殺計画

ほとんど時を同じくする六月下旬、支那派遣総軍参謀より大本営参謀へと転任し、陸軍中央に戻ってきた陸軍大学優等卒業の、前途ある一人の青年将校があった。津野田《つのだ》知重《ともしげ》少佐。陸士五十期。日露戦争当時の乃木《のぎ》希典《まれすけ》大将の第三軍参謀をしていた津野田是重《これしげ》少将を父にもち、石原莞爾《いしはらかんじ》中将の東亜連盟思想に共鳴、直系の今田新太郎《いまだしんたろう》大佐や浅原健三《あさはらけんぞう》らの教えを受け、強い反東条意識を抱く軍人だった。

若い少佐のみる中央は、東条の意のままに骨抜きにされた陸軍であり、苛酷《かこく》に近い憲兵政治の支配するところだった。東条の人事統制のきびしさを恐れ、あえて直諫《ちょっかん》するものもなく、陸軍の団結は崩れ、民心は離れていた。少佐は真剣に国の前途を憂え、そして帰国後旬日《しゅんじつ》ならずしてクーデター決行を決意した。

「……サイパン必敗せば本土空襲、本土蹂躙《じゅうりん》の公算は大きい……強力なる宮様《みやさま》内閣をつくり軍独裁を排し、速やかに敗北にあらざる和平策を確立することを要する。もし軍内閣が退陣を承知しないなれば、敢えて断乎、東条首相を抹殺《まっさつ》してこれを倒す」

津野田少佐は以上の要旨の案文を作り、志を同じくすると信じている陸軍参謀の三笠宮《みかさのみや》、山形県に隠棲《いんせい》中の石原中将、さらには小畑敏四郎《おばたとししろう》予備中将らに手渡し、いざという場合の援助を願ったのである。とくに三笠宮へは、天皇への上奏を強く乞《こ》うた。石原中将は即座に津野田案に同意を示した。

こうして相知ることもなく、陸海二つの首相暗殺による政権交代計画はひそかに練られていった。その間にもサイパン島は七月七日に玉砕《ぎょくさい》し、戦局はいよいよ急を告げた。

高木少将らの決行は七月二十日と決した。自動車二台によって首相の車をはさんで衝突させ、急停車したところを拳銃《けんじゅう》にて射殺する。車の手配や拳銃の用意などは計画上完了した。残るは決行の場所であった。そして決行するのは制服の同志に限る、としたのは、第三者を使うことによって機密の漏洩《ろうえい》を恐れたからである。

津野田少佐の陰謀には、浅原健三と同志の警視庁柔道教師牛島辰熊《うしじまたつくま》と輩下が参加、実行をうけもつことと決した。外出中の首相を狙うことに一応はきまったが、綿密な時期、場所、方法などについてはなお密議を重ねていた。

親東条派の報復

だが、突然、七月十八日東条内閣は崩壊してしまった。声明はサイパン失墜の責を負ってとあったが、実は二つの暗殺計画が重臣たちと木戸《きど》内大臣を強く衝動させたためであった。津野田少佐に執拗《しつよう》に天皇への上奏をせまられた三笠宮が、計画を海軍参謀の高松宮《たかまつのみや》に相談したことに端を発したのである。海軍では長老の岡田啓介《おかだけいすけ》大将らが、高木少将らの計画を知りそれ以前に何とか手を打とうと、懸命に倒閣のために動いていた。陸海二つの計画はたちまち心ある人びとの間にひろがり、彼らを力づけた。東条内閣打倒が一挙に実現したのである。

東条失墜とともに、この陸海二つの策動は自然に中止となった。同志の間だけで計られた高木少将らの陰謀は、闇から闇へと葬られて消えたが、文書が残っている津野田少佐の計画は、やがて外部に洩《も》れることとなり親東条派側近や憲兵の余憤《よふん》をかった。反逆者が大本営参謀の中にいた！　失墜いらい一度は小さくなった東条絶対支持派は躍起となった。したがって、事件の摘発、首謀者の逮捕、そしてその処理はまさに報復といえるほどの峻《しゅん》烈《れつ》さをきわめたのである。

九月二日に逮捕された津野田少佐は憲兵司令部地下の独房から、十月初旬、代々木《よよぎ》の陸軍刑務所に送られた。きびしい冬の寒さが迫った。コンクリートの上に薄衣《うすぎぬ》、冷飯、草履《ぞうり》一つで坐《すわ》っているのは拷問《ごうもん》以上の苦しみだった。疲れて姿勢が崩れると、容赦《ようしゃ》なく頭上から竹刀《しない》が振りおろされた。全身に浮腫《ふしゅ》がして、尻《しり》の皮だけが足の裏よりも硬《かた》くなっていた。しかし少佐は耐えに耐えた。

浅原健三や牛島らの実行予定組も逮捕されたが、昭和二十（一九四五）年一月、証拠不十分で不起訴と決定、釈放。石原中将は十二月軍法会議に召喚《しょうかん》されはしたが、身柄を拘束されることもなく、これも証拠がまったくなしで、その日のうちに解放された。皇族の三笠宮の身辺にまで〝報復〟は及んだ。まさか取調べもできぬゆえ、宮が大本営参謀から機甲本部付へと移されたのは、津野田少佐逮捕の直後のことである。

昭和二十年三月二十四日、津野田少佐に判決が下った。親東条派には不満な、いわば温情判決であった。禁錮《きんこ》二年、執行猶予《ゆうよ》二年――しかし免官、位階勲等《いかいくんとう》いっさいを剝奪《はくだつ》されて陸軍から放り出された。死刑を免れただけでも喜ばねばならなかったが、憲兵の暗殺の輪が一私人となった身辺をとり巻き、ひしひしとせばまってくるのを彼は感じた。日本に身のおき処《どころ》もなくなったいま、津野田は知人の多い中国に脱出しようと決心した。広い大陸で「苦力《クーリー》」となって身を隠し、とにもかくにも生き抜こうと。こうした津野田元少佐は愛する祖国を失った男となった。

戦争は終わった。そして昭和二十一年秋、復員船で上海《シャンハイ》より故国に引き揚げてきた彼の目に映じたのは、彼の予言どおり満目蕭条《まんもくしょうじょう》、焼野原と化した故国のあわれな姿だった。

暗殺未遂者の戦後

戦後、軍事評論家として健筆をふるわれる高木惣吉元少将に、わたくしは東条暗殺計画のことを尋《たず》ねたことがある。そのときの氏の当惑ぶりは忘れられない。

「今にして思えば若気《わかげ》の至りですが、当時は本気でやるつもりでした。マリアナ沖海戦で敗《ま》けた後の海軍部内の人事異動がなければ、もっと決行は早かったかも……。ま、七月二十日と決めた。後で知って驚きましたね。ヒトラー暗殺未遂事件も同じ日だったんです。決行後に、厚木《あつぎ》から飛行機で関係者は台湾かフィリピンへ飛ばす。私だけが全責任を負う。絞首刑でも銃殺でも結構だ……。しかし、これなんかも読みが浅かったと思いますね。やっぱり連累者《れんるい》は根こそぎ捕まったんじゃないか。もう一つ反省しているのは、かりに決行して、殺さないまでも怪我《けが》でもさせていたら、いくら陸軍内部に反東条派が多くいるといっても、そこはそれ、海軍が手を下したとなると……、その後の終戦工作にもヒビが入って、日本は果たしてどうなっていたことか……」

高木元少将は海兵四十三期。戦争末期には米内光政海相を援《たす》け、終戦工作に身を挺《てい》して働いた良識派である。

この高木元少将にくらべると神大佐は鋭角的な猛烈なバイタリティの持ち主、こうすべきと信念すると一直線に突撃する軍人だった。その特性をよく示し、第一次ソロモン海戦（昭和十七年八月）では、三川軍一《みかわぐんいち》艦隊の作戦参謀として一方的な勝利を得、「戦術の神様」となった。大戦末期は連合艦隊の作戦参謀、レイテ沖海戦、大和特攻など果敢な戦闘は、この人の立案によるものだった。終戦後の昭和二十年九月、残務処理のため北方出張中に、飛行機事故に遭い海上に不時着、脱出生存の機会はいくらもあったが、それを拒否し、みずから機と運命をともにした。海兵四十八期。

わたくしが津野田元少佐に会ったのは昭和三十八年暮れ、日本科学技術振興財団専務理事として、東京12チャンネルテレビ（編集部注）現テレビ東京）設立のため東奔西走の忙しいある日のことである。きびしい風霜《ふうそう》に耐えぬいた精悍《せいかん》な風貌《ふうぼう》が印象的だった。

「あの事件のことはあまり話したくはない。当時二十七歳、政治の裏の裏を知るには若すぎたと思いますな。私はいまでも腕時計をしないのです。それが事件が私に残したただ一つのことかもしれない。腕時計は手錠を思い出させる。手首に食いこむ鉄の輪の冷たい感触だけはいまも忘れてはいない」

そして、黒ぶち眼鏡《めがね》の奥の細い眼をきらりと、無気味に光らせただけである。あれから十三年、現在（取材時）、信濃《しなの》毎日新聞社顧問の地位にある津野田氏が、腕時計をしていないことだけは確かである……。昭和六十二年死去。

第三章　「最後の聖断」が訴えたもの

歴史の中の長岡空襲と新潟

無条件降伏決める

昭和二十（一九四五）年八月一日のその夜、わたくしは、長岡《ながおか》市の西南十二キロほど離れた古志《こし》郡石津《いしづ》村（現長岡市）岩野《いわの》にいた。そんな離れたところからも、円形の炎と煙が数千メートルの上空に達し、その円塔を西から東へ、北から南へ突きぬけながら、Ｂ29が数百トンの焼夷弾《しょういだん》を投ずる様を、望見することができた。村長である伯父《おじ》の家の納屋の屋根に、わたくしは腰かけていた。

はるかな対岸の火に動転し、右往左往している村の老若男女の姿が、むしろ笑止ですらあった。同年三月十日の東京大空襲で家が灰じんに帰するまで、数かぎりない爆撃を東京で体験した〝疎開もの〟のわたくしには、落下する爆弾と自分との距離についてきわめて冷徹な判断を下すことができていたのである。

だからこそ一層、火流と化した道路、火焰《かえん》が家々をかけぬけ、火だるまの家財が飛び、そして人間が乾燥しきって、カンナくずに、火がつくように燃える〝地獄〟を、わたくしはまざまざと思い描くこともできた。となりに腰かけていた父が、吐き出すように、

「バカバカしい。早く降伏すべきなんだ。そうすればこんなことにならないんだ」

と、不穏なことを大声でいったのを、わたくしはいまもまざまざと記憶している。

事実、戦後になって数多く出された日米の公刊戦史や戦闘報告などを照合すれば、昭和二十年初めの時点で大日本帝国には勝利はおろか、有利な講和をのぞめるチャンスすら百に一つもなかったことは明らかである。連合国が対日戦争の終結は〝無条件降伏以外にはない〟と決めたのは、ずっと早い時期の、昭和十八年十一月のこと。この時点で日本のジリ貧的な敗北はもう目に見えていたのである。それは日本政府にも軍部にもある程度は予想されていたことであったが、そうした現実に目をつむり、とくに陸軍統帥部は躍起となった。一億特攻、神州不滅、最後の一兵までというスローガンを絶叫し、「本土決戦」と

いう無謀な戦略に、日本の運命をくりつけた。

そして好むと好まざるとにかかわらず、日本本土が戦場となることを運命づけられたのは、昭和十九（一九四四）年七月のサイパン島などマリアナ諸島の陥落によってである。

焼夷弾攻撃に転換

十回にわたる偵察飛行ののちに、本格的な日本空襲が開始されたのは昭和十九年十一月二十四日、目標は東京周辺の飛行機工場におかれた。いらい六カ月、東京、大阪、名古屋《なごや》など六大都市に戦略無差別爆撃が加えられ、これらの都市は壊滅した。爆撃のはじめごろ、軍事施設などへの精密爆撃を目的としていた米戦略空軍の作戦も、二十年二月に司令官がカーチス・ルメイ少将にかわると、一転して木と紙の家屋がひしめく住宅地への無差別焼夷弾攻撃にと変わっていった。

開発された焼夷弾はM19集束焼夷弾とよばれ、油脂を主成分とした六角形の鉄の円筒に充塡《じゅうてん》したものだった。これを当時「モロトフのパン籠《かご》」といわれたように三十二発または四十八発を一束にまとめ、一発の爆弾とし、B29一機は二十四発を搭載《とうさい》した。パン籠は空中で破裂し分解し、地上に落下と同時に火のついた油脂が飛び散るのである。いってみれば、紙と木の家屋の上に、空から火のついた油をばらまいて、人間も家も一気に焼きつくそうという残忍な作戦だったのである。

対する日本の防空はなんであったろうか。バケツリレーであり、ぬれむしろであり、そしてぬれた軍手で焼夷弾をひろって戸外へ投げよ、という原始的な猛訓練だった。そして、この訓練あったがために、または焼夷弾は消せるという精神論的強制があったがために、多くの人が非人間的な兵器の前に死ななくてもいい死を死んでいったのである。

こうして、六大都市はすべて壊滅した。とくに東京の被害は甚大だった。五月三十一日、ルメイ少将は声明を発した。

「東京はほとんど完全に爆砕した。この結果、東京は軍事目標ではなくなった。マリアナ基地のＢ29は七百五十機に達し、実働機は五百三十機である」

この強力なＢ29を擁してルメイ少将は、ただちに新しい作戦を策定した。日本全国の人口十万から二十万の中小都市に対する広範囲の焼夷弾攻撃を開始しよう、というものだった。六月初めから目標が検討され、選びだされた。これには特殊装備をつんだ改装Ｂ29の偵察資料が役立った。この飛行機はＦ13とよばれ、三カ月間ほとんど連日にわたって単機、または二機で日本上空を飛び偵察をおこない、文字どおり日本全土の一平方マイルごとの写真を作ることに成功していた。そして、この結果、全国五十八の都市が選びだされた。新潟県からは長岡市がただ一つ、攻撃目標に選定された。

今日からみても奇妙なことは、目標リストに、新潟市の名を発見できないことだ。事実新潟市は空襲をまぬかれることができた。もっとも七月二十日零時四十分ごろ、新潟市はB29五機による攻撃を受けた、と記録には残されている。新潟市民はいよいよ自分たちの番がきたとそのとき覚悟をきめたというが、案に相違してモロトフのパン籠は長岡市民の頭上に炸裂《さくれつ》したのである。このためか、山本五十六《やまもといそろく》元帥の出身地だから長岡市が真っ先に攻撃されたのだという風評が、戦争末期から戦後にかけて伝わったが、必ずしも正しくはない。もともと新潟市は爆撃目標リストになかったのである。七月の空襲も、市街をねらったものではなく、新潟港封鎖のために海面に機雷を投ずべく来襲したB29だった。

新潟市がなぜ目標リストからはずされたのか。いまになってみると、答えは容易である。焼夷弾攻撃の目標ではなく、新潟市は原爆攻撃の標的であったからだ。

六月二日、ワシントンで原子爆弾使用に関する重大な決定が下されたことを、歴史は伝えている。①原爆をできるかぎり早く使用する、②原爆は適当な大きさをもつ都市に使用する、③原爆は事前警告なしに使用する——という三点。この決定にもとづいて、国防総省の中にあった目標委員会で、攻撃目標の都市が慎重に選びだされた。六月上旬のある日、それはリスト・アップされた。

京都、広島、小倉《こくら》、新潟の四都市だった。

長岡の命運決す

原爆目標の四都市をのぞいたほかの中小都市に対する焼夷弾攻撃は、六月十七日夜から開始された。B29計四百五十六機をもって、大牟田《おおむた》、浜松《はままつ》、四日市《よっかいち》、鹿児島を攻撃することをルメイ少将は命じた。

この夜以降、中小都市攻撃は、多数目標を定めてこれを同時攻撃するという作戦計画がとられるようになった。長岡市の運命はもうこの日に決していたといっていい。ただ距離と気流の関係で、日本海側や北日本は後回しにされただけだった。

歴史は無残なものである。まっすぐには進まない。いつもジグザグの道をとる。徹底抗戦を叫びつづけてきた大日本帝国が、やっと和平ということを決意した日が、その数日後に訪れる。六月二十二日、天皇は、政府と軍部六人の最高戦争指導会議のメンバーを召集すると、はじめて戦争終結への意思を明らかにした。

この日からあと八月十五日までの終戦史は、調べれば調べるほど腹立たしく、そして悲しい事実がつづくのである。平和がもう日本の門口にまで訪れてきていながら、指導層の大いなる錯誤と無為無策によって、そしてアメリカの無条件以外の講和はないという強硬戦略によって、大日本帝国の徹底的破滅の日が訪れるまで、戦争はやみくもにつづけられたのである。

七月に入ったとき、B29によって焼きはらわれた都市は合計十八にのぼった。七月三日、ワシントンの統合参謀本部は第一線部隊に打電した。こんごいかなる状況下においても、京都、広島、小倉、新潟の四都市を爆撃してはならぬ、という厳命だった。

こうして新潟市の生命は一時的にせよ救われたが、目標としての長岡市の運命は日一日とせばめられていった。ルメイ少将は空襲とともに、心理戦担当者に、爆撃予定の都市の住民に立ち退きを命じる特別のビラをつくらせ、これを散布させ、日本国民の心理的動揺をはかることとした。そしてつぎの日の夜、警告ビラで予告した都市のうち、四つを選んでB29は焼夷弾を多量に投下するという作戦をつづけた。

さらに七月二十五日、ワシントンの統合参謀本部より歴史的な命令がテニアン島の航空隊に発せられた。

「第二〇空軍第五〇九爆撃隊は、一九四五年八月三日ごろ以降、天候が目視爆撃を許すかぎり、なるべく速やかに、最初の特殊爆弾を次の目標の一つに投下せよ。

目標＝広島、小倉、新潟および長崎……（以下略）」

特殊爆弾とはすなわち原子爆弾のことである。そして第五〇九爆撃隊とは原爆投下のために特別訓練をうけた部隊。急速に、原爆攻撃の歯車は動きだした。第一目標であった京都が最後の段階ではずされ、新たに長崎市が加えられた。世界最初の原子爆弾が新潟市に投下されるかされないかは、四分の一の確率となった。

千四百余人が死亡

四日後の七月二十九日、長岡市およびその近郊に数多くのビラが降った。

「あなたは自分の親兄弟友達の命を助けようとは思ひませんか。助けたければこのビラをよく読んで下さい。数日のうちに裏面の都市のうち全部もしくは若干の都市にある軍事施設を米空軍は爆撃します……」

そして、裏面には、水戸《みと》、八王子《はちおうじ》、郡山《こおりやま》、前橋《まえばし》、西宮《にしのみや》、大津《おおつ》、舞鶴《まいづる》、富山、久留米《くるめ》、高岡《たかおか》、長野、福山《ふくやま》、鶴見《つるみ》の都市名とともに、はじめて長岡の二字が書かれていた。長岡市の攻撃されるかもしれない確率は三分の一近くとなった。

ビラは官憲の命令によって押収され、多くの人の目にふれることはなかった。が、底流となって人の口から口へと伝えられた。

八月一日は快晴の暑い日であった。長岡市民は、その夜かれらを待っている運命について知らなかった。たそがれどき、サイパン、テニアン、グアムの三つの基地からB29五百五十機の大編隊が日本本土の五つの都市をめざして飛び立っている。長岡市に向かうのは五十五機のB29と作戦命令書にきめられていた。

その夜の月は明るかった。市民がほとんど昼間の服装のまま床につくかつかぬかのうちの九時六分、警戒警報が発令された。B29の大編隊百二十五機は富山県との県境付近で二隊にわかれ、一隊は富山市に、そして残りの一隊は東に進路をとった。十時二十六分、長岡市に空襲警報が発令された。四分後、最初の編隊が抵抗をうけることなく、もう市の上空に達していた。

大きな火炎があっという間に地上から噴出し、その火をめがけてつぎつぎとB29は殺到した。あとは一方的だった。二時間弱ののち、残されたものは死者一、四八八人、重傷者三四九人、被災者数六万余であり、焼失家屋一万二千余は市のほぼ八割に当たる。

新潟は後回しに

同じ夜、空襲をうけた都市は投下されたビラにあった鶴見（百五十機）、水戸（百六十機）、八王子（百三十機）、富山（六十機）であった。それに清水《しみず》、宇治山田《うじやまだ》などが少数機の攻撃をうけたと記録は伝えている。

八月十五日の天皇放送を長岡市民は焦土で聞いた。やっと無謀な抗戦は終わった。新潟市は救われた。その時点で、アメリカに原爆が三発しかなかったからである。一発はアラモゴードの原爆実験場で爆発し、残る二発は広島と長崎を地球上から消滅させた。とくに長崎市民は不運だった。米軍記録によれば、この日の第一目標は小倉であったが、その上空を厚い雲がおおっていたため、原爆投下機は第二目標の長崎に転進したものであった。広島と長崎が、小倉と新潟であっても、アメリカにとってはどっちでもよかったであろう。新潟はほかの目標よりわずかに距離が遠かったため後回しにされた。幸運というほかはない。さらにいえば、大車輪で製造中の第四、第五の原爆が完成するよりさきに、日本が降伏してしまったという幸運もつけ加えておく。歴史に「ＩＦ」を問うことは無意味というが、新潟市民にとって「あと一カ月、戦争がつづいていたら……」を問うことは、かならずしも無意味ではないだろう。

それは被害者となった長岡市民にとっても同じだろう。あれから……もう何年になるのか。長岡市は近代都市として復興した。いや、復興などという言葉はすでに死語となった。長岡市は昔からそうであったかのように、〝戦後〟という華やかな時代を満喫している。繁栄が戦争の傷痕《きずあと》を完全なまでに消し去った。もはやだれも、あの夜、長岡市が油脂焼夷弾の実験場となったこと、そして自分があわれなモルモットであったことを思いだそうとはしない。まして、千人もの人がなんのために死んでいったのかを改めて問い、生き残ったことの意義を自分に問い直すものなどほとんどいないようにみえる。それでいいのだろうか。

そして歴史とは皮肉なものである。昭和三十九（一九六四）年十二月七日、ときの日本政府（佐藤《さとう》内閣）は、米空軍参謀総長として来日したルメイ大将に勲一等旭日大綬章《きょくじつだいじゅしょう》を贈った。その日の夕刊に、この小さな記事を見いだしたとき、すでに戦争が「過去」のものとなったことを痛烈にわたくしは思い知らされた。そして映画『独裁者』のなかのチャップリンの名セリフがわたくしの胸に再び突き刺さった。それは「一人殺せば殺人者となり、百万人殺せば英雄となる」というものだった。

幻のソ連の「日本本土侵攻計画」

日本が太平洋戦争を決議したとき、当時の政府および軍部は、戦争終結をどのような形で行うかについてほとんど研究しないで、というよりも、万事あなたまかせで突入した。一言でいえば、ナチス・ドイツのヨーロッパでの勝利をあてにして、そのときには、孤立して戦うアメリカは戦意を失うであろうから、有利な条件で講和にもちこめばいい、という非常に手前勝手な政策しかもち合わせていなかった。

いっぽうアメリカは、もちろん、日本が開戦した当初には、さすがに戦争計画を持っていなかったが、真珠《しんじゅ》湾攻撃によって戦争が始まった直後に、すでに戦争終結までの計画を構想しはじめている。

具体的にいうと、昭和十七（一九四二）年八月、開戦の翌年に、まず東アジア政策研究委員会を作った。もちろん、ヨーロッパにおける対ドイツ戦争の終結方策も同時に別なところで考えている。こうして昭和十七年八月から、この戦争にどのようにして結末を付け、どういう形で日本を処理するかという問題を考え出し、十八年十月には極東地域委員会ができ、現実の政策文書を作成するまでになった。十九年一月には、これが戦後政策委員会に発展する。この頃には、日本が敗北することはアメリカにとって自明の理となっていたから、占領政策をどうすべきかについて頻《しき》りに考えるようになっている。そして、十九年十二月、国務省、陸軍省、海軍省の三省が集まった調整委員会ができる。つまり、この三省調整委員会が主体となって、日本に対する戦後経営策を考え出していくのである。

ところで、戦争当初からルーズベルトの立てた基本政策は、今度の戦争では、第一次大戦後におけるナチス・ドイツの勃興《ぼっこう》のような愚は二度としたくない、したがって、ドイツも日本も軍事的には徹底的に破壊する、条件の良い降伏案は一切認めない、無条件降伏以外の戦争終結はないというものであった。

当時、英国のチャーチル首相、中国の蔣介石《しょうかいせき》総統などは、それを疑問視して、そうなると戦争を徹底的にやらざるを得なくなって、連合軍側の損害も非常に大きくなるおそれがあるので、無条件降伏政策はあまり得策でないということを進言している。しかし、ルーズベルトは、この政策を最高のプリンシプルとして、これを強硬に押し進める戦略を一貫してとりつづけた。したがって、国務省、陸軍省、海軍省の三省調整委員会も、それに合わせて無条件降伏を前提とする戦後日本処理案を考えていくのである。

日本にとっては、無条件ではなく講和の条件が緩和されれば、もう少し早く講和に持ち込むことも考えられたと思う。が、何せルーズベルトの政策があまりにも強硬であったために、昭和十九年六月にサイパン島が陥落した時点で「もはや勝利はない。敗北あるのみ」とわかっていながら、徹底抗戦ということで、政治は軍事にいぜんとして引きずられていかざるをえなかった。

アメリカの無条件降伏政策に直面して、日本がどうしても解決しておきたかった大問題がある。天皇制の問題である。つまり裕仁《ひろひと》天皇陛下の身柄の問題であった。天皇を戦犯として裁判にかけるとか、退位させて島流しにするとかいうような過酷な条件を持ち出されたら、それは忍び難い、したがって徹底的に戦う以外ないというのが、当時の指導者の考え方であった。昭和二十年四月七日、鈴木《すずき》貫太郎《かんたろう》内閣ができ、この内閣は必死の思いで講和条件を模索するが、依然としてルーズベルトの無条件降伏政策に突き当たるだけでどうにもならない、という事態がつづいた。

そのルーズベルトが四月十二日（日本時間）に病死して、トルーマンが後を受けて大統領になる。実はその頃からアメリカの政策が内部的には少しずつ変わってくる。日本の天皇および天皇制を残す、という方向がでてくる。つまり、天皇制を絶対的に廃止するとか天皇を戦争裁判にかけるとかいう強硬政策をとらずに、日本国民の意思に任せる程度にまで若干緩めながら、日本の降伏を誘導しようではないかという政策が一部から出てくる。ただし、日本はそのことがまったく察知できないでいる。

その裏側でもう一つの考えが先行していた。ソビエトが戦後の世界経営に乗り出してきていて、ソビエトとアメリカとの大交渉が始まっていたのである。十八年十一月のテヘラン会談で、ルーズベルトとスターリンとが会って、ソビエトとアメリカとが仲良く手をつなぎ、肩を組み合って戦後の世界政策をリードしていこうじゃないかということを決める。もう勝利は目前である。我々は戦後の設計に掛かろうじゃないかということで、二人はご機嫌な形でテヘラン会談を終えた。このルーズベルトのご機嫌な意向が三省調整委員会に持ち込まれた。そして、日本の戦後をどうするかはソビエトも仲間として考えていこうではないかということから、三省調整委員会は、日本占領分割案というものを考え出してくるのである。

日本が降伏した後は、そのままでおさまらず、当分の間ゲリラ活動が起きるであろう、あるいは、徹底抗戦分子が至る所で反乱を起こすであろう。日本の占領はそれほど容易ではない。膨大な兵力を日本本土に送り込まなければ、日本の占領はうまくいかないのではないかと彼らは計算した。というのも、日本軍は、敗北を承知しながら、陸地でも海上でものすごい抵抗をして、ついには〝神風特別攻撃隊〟という世界の戦史にないような戦法をとって徹底抗戦をする。そういう強さに驚いて、約八十万の軍隊を日本本土に送り込まないことには、日本占領はうまくいかないだろうと予測したのである。

そのような背景から、日本分割案が出てきた。そして、話がどんどん詰められていって、日本分割案が決定するのが昭和二十年三月、まだルーズベルトは生きていた。そしてこの結論に大統領はすこぶる満悦した。

ところがそのときに、実は、その背後においていろいろな議論があったのである。ソビエトがいつ対日参戦してくるか。また、参戦してこない場合でもソビエトを交ぜるかどうか、といったような議論が沸騰して、なお委員会は揉《も》めに揉めていたのである。しかし、ソビエトは、一カ月前の昭和二十年二月のヤルタ会談において、ドイツの降伏後三カ月たったら対日参戦して、一気に満洲《まんしゅう》に攻め入るということを、ルーズベルト、チャーチルと諮《はか》って態度を明確にしている。そうなればまことに都合がいい。とにかく日本はそれまで頑張るだろうから、スターリンを信用し、ソビエトは参戦するという大前提の下で結果的には日本分割案が練り上げられていったのである。

現実に、ドイツは五月七日、降伏文書に調印した。それから三カ月後となれば、八月七日以後には、必然的にソビエトが日本に参戦してくることになる。アメリカも急ぎださざるを得ない。

そのうちにルーズベルトが亡くなった。日本を降伏させるために、無条件降伏政策の見直しの声もではじめる。そのため、ソビエトの動向をにらみながら、アメリカの政策も次第に変化してくる。

しかも、戦後の世界はソビエトとアメリカが手を組んでリードしていくのだという約束を、スターリンは常にちらつかせる。ソビエト参戦の暁には、樺太《からふと》はもちろん返してもらう、それから千島《ちしま》も自分のものにする。この千島の条項は、千島は必ずしもソビエト領ではないから、日本から勝手にもぎ取るというような表現で、アメリカも承諾している。つまり、ソビエトは、樺太、千島という分け前をすでにもらっていながら、さらにそのうえどうしても日本本土にソビエト軍を送り込みたいという意図を非常に強く出しはじめた。ソビエトはヨーロッパで、ドイツ降伏後、ドイツの半分、ベルリンの半分を取ったりしているが、その方式をそのまま日本に持ち込みたいと、不相応に大きな野望を抱きはじめたのである。

ところが、「最後の一兵まで」を呼号する日本の情勢がどんどん悪くなって、降伏が早まりそうな形勢になってきた。そこで、ソビエトに焦りが出てきて、頻りにアメリカ政府をつっつく。スターリンはトルーマン大統領に、ルーズベルトの無条件降伏政策をしっかりと守ってもらいたいということを、事あるごとに強調する。それをアメリカが強硬な政策として掲げている間は、日本は容易に降伏できないから、戦争がどんどん延びるであろう、そうすれば、自分たちが十分な準備をととのえて対日参戦をして日本軍と戦う、それによって日本本土への進駐が容易になってくるであろうというもくろみがあったのである。

もちろん、アメリカも、頑強な日本陸海軍がそれほど早く手を上げるとは思ってはいないし、アメリカ軍の損傷をできるだけ減らしたいということで、はじめはソビエトの参戦を猛烈な勢いで督促していた。

そういう状況下で三省調整委員会が作り上げたのが、いわゆる日本分割案であった。日本を占領した後も、日本軍の抵抗およびゲリラはかなり活発に行われるであろうということで、第一局面として、日本降伏後三カ月間は、アメリカの軍隊八十五万が軍政を敷いて、日本軍の降伏が完全になるまで、日本本土をぴしっと押さえる。

しかしながら、アメリカはもうすでに四年も戦っているから、八十五万の兵隊をいつまでも日本に置いておくわけにはいかない。第二局面、つまり三カ月が終わった以後の九カ月間は、アメリカ、イギリス、中国、ソビエトの四カ国が日本本土に進駐し、これを統治する。兵力数は、アメリカ軍が三十一万五千、イギリス軍が十六万五千、中国軍が十三万、ソビエト軍が二十一万、合計八十二万の軍隊が、第二局面の九カ月間、日本本土を占領する。

第二局面で日本のなおつづくかもしれないゲリラその他の反抗分子は大体治まるであろうから、その後の第三局面、占領が終了して日本が平和条約を結んで国交を回復するまでの間は、アメリカが十三万五千、イギリスが六万五千、中国が六万、ソビエトが十万、合計三十六万の軍隊を日本本土に置いておく、このように軍隊の区分を決めたのである。

その場合に、日本本土を四つに分けて、関東地方と中部地方および近畿地方をアメリカ軍、中国地方と九州地方をイギリス軍、四国地方と近畿地方を中国軍――近畿地方は、アメリカ軍と中国軍が共同して押さえることになる――そして、北海道と東北地方はソビエト軍が統治する。さらに、東京は四カ国が四分割して統治するという。

こういう分割案が完成して、日本が最後まで頑張るならばこれを実施しようと正式に決めたのが、昭和二十年八月十六日。ご承知のように、日本は八月十四日にポツダム宣言の受諾を決定し、十五日に天皇陛下の放送をもって完全に戦争を終結しているから、なんと、終結の一日後にこの大分割案が完成したことになる。

ところが、すでにふれたようにルーズベルトの無条件降伏政策を、トルーマンは必ずしも継承しようとはしなかった。それに、天皇制の問題まで連合軍が勝手にするような強硬政策では、日本人は講和など結ばない、結べない、できるだけ緩和した条件で日本の降伏を誘うべきであると、グルー元駐日大使をはじめとする知日派の人びとがしきりにアメリカ政府に働きかけていた。幸いなことにグルー元大使が昭和十九年末に国務次官になって、国務長官に働きかけるというようなことで、アメリカの政策が緩和の方向に向かっていく、と同時に、ヨーロッパでの東西の対立も顕著になり、米英はソビエトに対して猛烈な警戒心を抱きはじめていく。

歴史に「ＩＦ」はないが、もしルーズベルトがそのまま生きていたら、この日本分割政策が日本占領の基本政策として施行された可能性もなきにしもあらずであった。幸い、ルーズベルトの後を襲ったのが、ミズーリ州の田舎の政治家で国際情勢に疎いところのあるトルーマンであったために、側近の知恵者たちの意見をよく聞いて、無条件降伏政策の危険性を考えるようになってきたし、分割案の危険性にも思いを至すようになった。それに、日本の占領政策としては、天皇陛下および日本の政府の機構をそのまま使ったほうがうまくいくのではないかという考え方が、アメリカ政府のなかに芽生えてきていた。それが、日本降伏後のアメリカ政府の政策決定に大きな影響を与えたのである。

しかしながら、一方には、戦後の経営は米ソが手を組んでやる、そして、日本には最後まで無条件降伏政策を押しつけるべきである、という強硬な意見がまだ多くの米政府要人の頭を占めていたことも事実である。

ワシントンでの状況をよく調べていくと、この両方の意見がやたらにぶつかり合って、大議論が展開されている。三省調整委員会の下に極東小委員会というのがあって、ここでも大議論をしている。その結果、日本をどうすべきかについての最終決定がなされないままで、戦争の最終局面を迎えていたのであった。

ところが、当然まだまだ戦うであろうと思っていた日本が戦争終結に向かいはじめた。当時七十七歳の鈴木貫太郎首相の下、米内光政《よないみつまさ》海軍大臣、東郷茂徳《とうごうしげのり》外務大臣といった人たちを中心とする、天皇陛下の信任の厚い内閣ができていた。さらに言えば、陸軍大臣の阿《あ》南惟幾《なみこれちか》大将も、口では徹底抗戦を言うが、実は、最後まで鈴木首相を補佐するという信念を持ってこれに協力していた。それで、反対する軍部を抑え、どうにか終戦に持ち込むことができた。八月九日に天皇陛下の第一回ご聖断による、という意想外の方法で、戦争終結という大方策が決まって、日本の降伏がこの時点でほぼ決定する。

あわてたのはソビエトである。ソビエトは、八月九日、約束どおり満洲に侵入して対日参戦をしてきた。これに対して、日本政府はソビエトに宣戦布告をしようとはしなかった。日ソ中立条約が依然として有効であるからである。こうして日本は宣戦布告せずということを決めて、一方的なソ連軍の蹂躙《じゅうりん》に任せた。つまり満洲での戦いを国際法の審判にゆだねた。これは戦争にあらず、従ってやむを得ない自衛戦であるという建前をとって、満洲の曠野《こうや》で敗走がつづいたのである。

参戦したソビエトは、日本の降伏が近いということで、政治的な猛烈な働きかけに転じないわけにはいかなくなる。どう考えても、ソビエト軍は満洲を占領するのがやっとであり、いわんや北海道まで軍隊を持ってくることは時間的に不可能であるということから、アメリカとの外交折衝によって何とか日本本土に軍隊を送り込もうと、さまざまな手を使ったのである。

その具体的な例のひとつに、八月十日、日本時間の八月十一日の午前二時、モスクワで、ハリマンという当時のアメリカ駐ソ大使と、ソビエトのモロトフ外務大臣とが猛烈な激論をした事実がある。

モロトフは、「日本占領にアメリカの軍司令官とソビエトの軍司令官の二人を置こう。アメリカ軍の軍司令官にマッカーサーを選ぶならば、わが軍は極東軍最高司令官ワシレフスキー元帥を選ぶ。マッカーサーとワシレフスキーの二人で、日本を二つに分割して統治しようではないか」と、強硬にハリマン大使に言う。

ハリマン大使は、満洲鉄道の計画にもかかわったアメリカの鉄道王エドワード・ハリマンの息子であるから、アジアのことをよく知っていたし、非常に度胸の据わった人でもあった。それに満洲でのソ連軍の国際法無視の理不尽な攻撃に不信感を抱いていた。

「とんでもない話である。わがアメリカ軍は日本を相手に四年間も戦っている。しかるに貴国はわずか二日ではないか。二日しか戦っていないソビエト軍になぜ日本の統治権の半分を渡さなければいけないのか。全く理屈に合わぬ」

と言って、これを断固としてはねつける。これに対しモロトフは、

「それはお前の勝手な意見ではないか。ワシントンに問い合わせて聞け。トルーマンはそのように言わないはずである」

と言うが、ハリマンは、

「トルーマン大統領に聞かなくてもわかっている。私はトルーマン大統領からすべてのことを聞いてきている。全権は私にある」

と言って突っぱねて、モロトフの攻勢を抑えた。

このとき、もしハリマンが下手にでてイエスと言ったり、あるいは、ワシントンに問い合わせたりしてもたもたしているうちにトルーマンが対日強硬派に動かされでもしていたら、どうなっていたかわからない。しかし、ハリマンは、トルーマンに知らせることもなく、自分ひとりの判断でソビエトの要求を退けた。後に、トルーマンはそのことを聞いて、まさにハリマンは自分の思ったとおりのことをやってくれたと激賞するが、とにかくハリマンの頑張りによって、ソビエトは一旦《いったん》は鉾《ほこ》を収めざるをえなかった。

ところが、ソビエトはなお諦《あきら》めてはいなかった。日本が降伏した翌日の八月十六日、ス

ターリンはトルーマンに対して、

「日本本土を半分にわけて軍司令官二人による統治はソビエトとしてもあまりにも過大の希望であると思うので、これは引っ込めるが、北海道を留萌《るもい》と釧路《くしろ》を結ぶ線で二つに分けて、その北半分をソビエト軍が統治したい。留萌と釧路の町は当然ソビエト軍のなかに入るものとする。もしこの希望が叶《かな》えられないならば、ソビエト国民の世論が承知しないだろう。テヘラン会談以来の米ソ関係がこれによって悪化することもあり得るかもしれない。それはアメリカ政府としては十分に考えていただきたい」

という強硬な書簡を寄越して、北海道の北半分の領有を求めてくる。

それに対して、トルーマンは、

「もはや日本占領軍最高司令官はマッカーサーただ一人に決めてある。北海道も日本本土のうちであるから、マッカーサーの統治下にある。ソビエト軍は一人たりともその統治に加わることを得ず」

という強い返事を送る。

スターリンはかんかんに怒って、

「私と私の同志は、かかる返事を受けようとは予期しなかった、これが戦後肩を組んで世界政策を推進していこうという友邦のやることであるか」と、恨み骨髄《こつずい》のようなことを言うという一幕があった。日本分割のソビエトの夢はこうして潰《つい》えたのである。その代りに満洲にある日本軍兵士たちをシベリアに送るという悪魔的な政策をとることになる。

思えばまことに間一髪、日本の降伏はまさしくギリギリの崖《がけ》っぷちで決せられたのであるが、それが絶好のときであったことがわかる。日本国民はだれひとり国家分割の危機など知らなかった、という事実を考えると、歴史というものが裏側にどんな秘密を隠して流れていくことか、そぞろ恐ろしくなってくる。

「天皇制を残さなくてはならない」——米国務次官・グルーの見識

アメリカのジャーナリストのジョン・ガンサーが『亜細亜の内幕』のなかで書いている。
「日本は天皇によって統治されているのではなく、天皇の名において統治されているのだ。天皇は人間であり、神でもある。天皇はひとつの象徴であり、いくつもの理論や伝統や影響力の集積を体現し投影したものだが、普通の意味での支配者ではない——ましてや独裁者ではない」

この本が昭和十四(一九三九)年に刊行されたことを思うと、この天皇観はかなりすぐれたものといっていい。このころの、外国人の眼に映った天皇といえば、歯をむき出してメガネをかけた軍服姿で、サーベルをかざして中国人に襲いかかっている新聞漫画でしかなかったからである。

そこで残念ながらガンサーの見方は一般的にはならなかった。印象はヒトラーやムッソリーニと同格の侵略主義者のそれであった。太平洋戦争がはじまると、独裁者としての天皇観はいっそう加速されて大きくなった。昭和十七年、豪州で刊行されたパンフレット「日本が神と呼ぶ人間」（W・J・トマス著）には、

「ヒロヒトは七千万人の日本国民によって神として崇拝されている。……この天皇の〝神性〟が日本国民の生命の主要因である。天皇の名において政治的暗殺が栄光視され、残虐行為が正当化され、世界の征服が宗教的信念にまで高められているのである。……」

と、神としての天皇の名のもとに、全世界を相手に戦いはじめた大日本帝国の姿が率直に語られている。

さらに興味深いデータがある。昭和十九年四月の「フォーチュン」誌が行った世論調査〝日本国民にとって天皇とは何か〟にたいして、読者はこう回答している。

唯一の神である　44・2％
名目上の飾り　18・6％
独裁者　16・4％

英国流の国王　　　　　5・7%
無回答　　　　　　　15・1%

ここにも神としての天皇像が大きく浮かびあがっている。名目上の飾りが、「フォーチュン」誌の予想した回答であったにもかかわらず。ジョン・ガンサー説がほとんどアメリカ国民にうけいれられていないことが、これでよくわかる。

それだけに、戦争も末期になってくると、日本の降伏をめぐって天皇をどう扱うべきかの問題が、世界各国の政治家や知識人によって熱心に討論されたのは、むしろ当然であったろう。戦後の日本にも天皇制は温存すべしとするもの、廃止を声高に説くものが、さまざまに入り乱れて激論を戦わせた。

天皇制存続にたいし反対の態度を表明するものには、アチソン、ヴィンセント、ホーンベック、ラティモア教授らがいる。孫文《そんぶん》の長男の孫科《か》もまたそのひとり、昭和十九年十月に「ミカドは去るべし」という論文を発表している。

「天皇崇拝の思想は日本の侵略行動の真髄であるが故に、ミカドは去るべきである。……日本において、軍国主義と軍閥の力と天皇制とは、本質的に織り合わせた一つのものなのである」

また、昭和二十年六月二十九日のギャラップ調査によれば、

天皇を処刑せよ　33％
裁判にかける　17％
終身刑を科す　11％
外国へ追放　9％
そのまま残す　4％
操《あやつ》り人形に利用　3％
無回答　23％

と、これもかなりきびしい意見がだされている。

これらにたいして頑強に抵抗したのが、国務次官となったジョセフ・C・グルー（開戦時の駐日大使）なのである。混乱を起こさずに日本を終戦に導くためには、天皇の名による詔勅《しょうちょく》の公布以外にはないと、グルーはその存続を強く主張しつづけた。

「日本側にとって、無条件降伏の最大の障害となるものは、無条件降伏をすればそれが天皇ならびに天皇制の永久的排除ないしは廃止につながるのではないか、と考えているからである。もしいま日本国民にたいして、完全な敗北を喫し、将来二度と戦争をしかける力

を奪われた上は、日本の将来の政治形態については日本国民の手で決定することが許される旨を、なんらかの形で通告すれば、日本国民は面目を失墜《しっつい》せずにすむわけである。その保障なしには降伏はきわめて考え難い。……」

これに同調するものに、ドウマン、バランタイン、ボートン、ブレイクスリー教授らがいた。そして、蔣介石もまた、グルーと同じ見解に立つ人であった。昭和十九年一月にかれは語っている。

「日本の軍国主義者はすべて払拭《ふっしょく》されるべきである。また日本の政治制度の侵略的要素の痕跡《こんせき》をとどめるものは、ことごとく一掃されなくてはならない。が、日本人がどのような政治形態を採用すべきかという問題は、覚醒《かくせい》し、悔悟《かいご》した日本の人民自身の決定にまかせる方がよい」

歴史は、グルーが示唆した方向に動いたことは、すでに知られているとおりである。

連合国側が天皇制の廃止を要求するような厳しい条件をださなかったゆえに、天皇の終戦の詔勅によって、「承詔必謹」の名のもとに戦争は終結した。

終戦時に滞日中であったドイツ人記者K・H・アプスハーゲンは、日本降伏の様相をこう書いた。

「天皇は、降伏命令を出すにさいし、軍部が服従するための心理的条件がそろっている絶好の瞬間をとらえたのである。日本国民は一億玉砕をせずにすんだことにたいし、天皇に感謝せねばならない」

ほんとうによくぞあそこで終戦になったと思う。日本国民はグルーたちの努力と外交的見通しにも感謝しなければならない。カーチス・ルメイになんか勲章をあげるよりも（編集部注）一九六四年に勲一等旭日大綬章を授与されたが、空襲や原爆投下を行った部隊の指揮官だったため批判もあった）、グルー以下の人々に最高の勲章をあげるべきである。

スターリンが決断した「シベリア抑留」

1

平成二(一九九〇)年、酷暑の八月、わたくしが〝戦争と平和〟について、初心にかえり考えるきっかけとなった一つの理由がある。

それはきわめて私的なことになるが、元大本営陸軍参謀(のち関東軍参謀)瀬島龍三《せじまりゅうぞう》氏に会い四十五年前の関東軍の終戦について、いろいろと話を聞いた、そのことに発するのである(その内容は「文藝春秋」一九九〇年九月号に掲載されている)。

瀬島氏に、こうでないかああでもないかと質《ただ》しながら、わたくしがあらためて痛感していたのは、非情な米ソ戦略の狭間《はざま》にあって〝降伏することの難しさ〟についてであった。それはとりも直さず、当時の日本の政軍指導層の国際法にたいする無知、についてでもある。

その一つは、ポツダム宣言受諾の通告といっても、連合国にとっては、日本の降伏の意思表示にすぎなかったということ。国際法上の正式の「降伏」を完成するには、降伏条項の正式調印をまたなければならなかったのである。それを日本のトップはしっかりとわきまえていなかった。

満洲に侵入したソ連軍参謀長アントノフ中将は、八月十六日の布告のなかで、堂々と言明している。天皇が連合国にたいして十四日に行った通告は「単に日本降伏に関する一般的なステートメント」にすぎず、日本軍の降伏が正式に実行されていない以上は「極東におけるソ連軍の攻撃態勢は継続しなければならない」と。

そして無知からくる第二の錯覚は、アメリカが連合軍の代表であり、連合軍最高司令官はマッカーサー元帥と信じこんだことであった。しかし事実は、米国はそう日本に通告したし、トルーマン回顧録によっても、連合軍最高司令官にはマ元帥が任命され、大統領命令によって、米英中ソ四カ国を代表し連合軍の最高指揮権をマ元帥が行使することが認められた、と明らかにされている。そして、当のマッカーサーも、八月十六日朝には命令第一号を日本政府と大本営に発した。

「連合国の降伏条件を受諾せるにより、連合軍最高司令官は、ここに日本軍による戦闘の即時停止を命ず」と。

大本営はこれをうけて、同日午後四時、陸海軍全部隊にたいして「即時戦闘行動を停止すべし」の大元帥命令を発した。関東軍も、この統帥命令をうけ、翌十七日朝に麾下《きか》の全部隊に即時停戦命令を発したのである。

この関東軍命令を、ソ連軍無線偵察隊が傍受していることを、バイカル方面軍司令官マリノフスキー元帥の著書『終末』は誇らしげに明記している。にもかかわらず、ソ連軍は侵攻をとめなかった。

なぜ、この無法が許されたのか。理由は実に簡単であった。八月十五日以後に日本政府と軍部とがしばしば使った「降伏」という言葉は、すべて、降伏文書調印（九月二日）以後を示していたからである。したがって、マッカーサー元帥が最高指揮権をもつのもそれ以後のことであった。もっと明確にいえば、トルーマン大統領命令がでたときは、ソ連とのあいだでは、わずかに管理占領の最高司令官にマ元帥が任命される、そのことについての了解だけがあったにとどまるのである。

降伏文書受けとりのためマニラに飛んだ日本代表は、八月二十日、最後の会合で、降伏すべき相手国の件で連合軍参謀長サザランド中将に尋ねた。「降伏実施にたいしてソ連軍と日本軍の間に、何事かトラブルが起きるような場合には、連合軍最高司令官として、必要な指示をされるか」。サザランドは答えた。「それに関してはわが方になんらの権限はない」と。

それならば、米国政府やマッカーサーが、日本政府にたいしておこなった、四カ国連合国を代表するの声明とか、四カ国の名においての停戦命令とは、権限をこえた違法の行為でしかなかったのではないか。アメリカにとって、その時点での最大の関心事は、ポツダムできめた占領区域わけの協定をソ連がどれだけ守るか、にあったと思われる。

またソ連はソ連であせっていた。この最終段階にきてのアメリカ案の占領区域わけの基準は、それぞれの連合国軍の現在位置（降伏調印時）が第一におかれていたからである。そこでソ連軍は、達すべき目標と地点を「関東軍の破砕、全満洲、北朝鮮、南樺太、千島の解放」とし、それを降伏文書の正式調印の日までに完遂しなければならないと、猛進につぐ猛進をつづけた。

ソ連にとって幸いのことは、日本軍部の無知蒙昧《もうまい》が大本営命令として、日ソ停戦交渉は関東軍がよろしくやれと、「局地交渉」にしてしまったことである。そして日本政府と大本営は、まだソ連軍にたいしてなんら指揮権をもたないマッカーサーとの交渉にひたすら全力をあげた。ソ連軍にとってこれほどの好機はなかったことであろう。

調べてみればみるほどに、国際的な政治力学というものは酷薄であり、非情のものであったことがわかる。満洲事変いらい長くアジアの孤児でありつづけた日本に、それだけの国際感覚をもてというのは、あるいは無理な註文《ちゅうもん》というものであったろうか。

2

八月十九日、一寒村ジャリコーヴォのソ連軍戦闘司令所で行われた停戦交渉（協定ではない）の内情を語るとき、〝戦後日本の参謀〟と噂される瀬島氏も、さすがに口が重くなった。当然のこととわたくしは同情を覚えながら聞いたことである。

第一極東方面司令官であったメレツコフ元帥は当時の感想を記している。

「関東軍総司令官は停戦を交渉したいといってきたが、降伏した日本の軍隊である関東軍がおこなわねばならないのは、戦闘の停止と降伏であり、ソ連軍に交渉を求める立場にはいないはずである」

すなわち降伏にかんする正式の協定を結びたいのなら、日本政府・大本営が、天皇の全権委任状をもった使節を送らねばならなかった。

太平洋戦争の開戦の詔勅には、慣例となっていた「国際法に遵拠《じゅんきょ》して」という大切な一句を削ってしまっている。日清・日露の戦いのときのように、どの軍にも国際法の専門家を配置する、という従来の教訓も無視された。昭和日本の指導者というのは、そのくらい夜郎自大であったのである。一参謀でしかない瀬島氏を責めても仕方のないことであろう。

しかも、スターリンの野望の底の底までを見抜けなかったのは、敗亡にうちひしがれた日本帝国だけではなかったのである。戦勝の余裕のあったアメリカすらもソ連の狙いに半ば以上気づかなかったといえる。いや、世界戦史上、満洲でソ連が行ったようなことをした戦勝国はなかった。連合諸国にも「まさかあそこまでは……」と予測のつかないことであったろう。

八月下旬、ソ連は満洲各地の工場などから機械そのほかを押収して、シベリアに運びはじめた。中国をはじめ連合国は仰天して抗議した。満洲における日本資産の処理は共同協議のうえ決定されるべきであると。しかしソ連は、日本の対ソ戦争準備のうちで満洲の工場は重要な要素であったから、大砲などと同様に戦利品をうけとっているにすぎぬ、と突っぱねた。

日本将兵〝捕虜〟のシベリア輸送も大問題となった。第一に捕虜とはあくまでも国際法的には戦時捕虜であり、停戦協定（ソ連はそんなものはないという）で武装解除した将兵が、はたして捕虜なのか。日本政府と大本営が、さすがにあわてて直接にソ連政府にたいして、武装解除後の将兵の安全保障などについて要請したが、それも八月二十七日になってからである。しかし、そのときには、〝戦時捕虜〟として五十四万六千余名の将兵、それに一般人十二万三千余名のシベリア輸送がはじまっていたのである。

――ここでふたたび焦点を昭和二十（一九四五）年二月のヤルタ会談のルーズベルトに戻したい。もちろん当時の日本は知らなかったが、当然のことのようにこの地で、米英ソ三首脳の間で、戦後の賠償問題について話し合われている。とくにスターリンは欲望をむきだしにした。まず「ドイツが戦争期間中に連合国に与えた損害を、金銭はもちろん金銭以外でも支払わねばならぬ。その協定をこの会談で定めたい」と主張。金銭としては総額二百億ドルの賠償額をソ連は要求する、と頑強に主張したのである。

これにたいして猛反対したのはイギリス首相チャーチルである。たとえソ連が広大な領域にわたって破壊されたにせよ、イギリスもまた大いに被害を蒙《こうむ》っており、フランス、ベルギー、オランダ、ノルウェイまた然《しか》り。しかも第一次大戦の賠償が及ぼした結果を思い起こすことが賢明ではないだろうか、といい、

「英国の世論は賠償という考え方に徹頭徹尾反対している。英国民はベルサイユ条約の顚《てん》末《まつ》を忘れてはいないからである」

と、はっきりと反対した。スターリンは執拗《しつよう》であった。

「なるほど、ベルサイユは失敗した。しかし、あれは現ナマで高額の支払いを要求したからだ。われわれは生産財や原料といった現物を要求しているのだ」

チャーチル「そうかも知れん。しかし、馬に馬車を引かせようというのなら、まぐさを与えることからはじめなければ……スキ腹じゃ動きませんぞ」

スターリン「いや、馬が向きを変えて後脚で蹴《け》ったらどうするか。われわれは蹴らないようにしようとしているのである」

チャーチル「馬の比喩《ひゆ》はよくなかった（笑）。自動車にガソリンを入れないで、どうやって走れというんですかな」

のちのソ連外相グロムイコはこの場面をこう回想している（『グロムイコ回想録』読売新

聞社刊)。

「たとえドイツが二百億ドルあるいは三百億ドルを支払ったとしても、ソ連にとっては大海の一滴にしかすぎない……。わが国の被害は、後に二兆六千億ルーブルと査定された。だとすれば、われわれの同盟国は、ソ連経済の早すぎる回復を許してはならないと考えていたのだろうか」と。

またグロムイコは、このやりとりでもっとも口数の少なかったのはルーズベルトだ、として、「彼はまた、チャーチルとの対決姿勢をとることを避けていた。チャーチルは、ソ連に対する象徴的な儀礼程度の賠償を認めることすら妥協しようとしなかった」と書く。

このとき、ルーズベルトは疲れはてていて、議論に加わる気力がなかった、とみることもできる。しかしヤルタにおけるルーズベルトが緊急の最大重要案件としていたのは、その理想とする国連の設立であり、米軍人の死傷を減らすためのソ連の対日参戦の確約、この二点であったのである。そのほかのことにたいしては、初めから大きな期待もなかったので、積極的に発言もせずに、じっと聞いていることが多かった。むしろ投げやりですらあったことが、戦後明らかにされたヤルタ会談の秘録から察せられる。

結果としての賠償問題はどうなったか。ついに結論をえないままに、モスクワに米英ソ三国委員会を設けて、討議を継続することになった。それもあくまでソ連の賠償請求（総額二百億ドルでソ連の取り分は五十パーセント）を叩《たた》き台とするという条件で。

しかしそれは金額とパーセンテージについてである。スターリンの熱意に押しきられてか、米英ソ三国は「クリミア会議の議事に関する議定書」（ヤルタ協定）で、賠償について、「ドイツは、戦争中に連合国に対して生ぜしめた損害を、現物をもって賠償しなければならない」

と明確にとりきめている。しかも現物賠償には(a)(b)(c)三つの方式があり、その(c)には、はっきりと、

「(c)ドイツの労働力の使用」

と書かれているのである。

3

ヤルタからポツダムへ、賠償の金額とパーセンテージについてはそのままひきつがれた。議論はいわば商取引と化した。米ソ対立の高まりのなかで、賠償問題は相手を非難するための手ごろな道具と化し、結果としてその問題が意識的に、現実的に、そして決定的にド

イツを分割したのである。

しかも現物による賠償の一つとしての「労働力の使用」は、そのまま厳然としてポツダムでの会談にも生きていた。

当時の日本政府も大本営も、そのような国際会議場裡《り》の秘密協定など知りうべくもなかった。いわんや関東軍に於《おい》てをや、ということであろう。されど、ジャリコーヴォの停戦交渉にのぞんだとき、ソ連が「日本軍隊を捕虜に取る」と明言していたことを、少なくとも瀬島氏は承知していた。そのわずかに知っていた事実をもとに、ソビエト軍と交渉すべき何かがあったろうか。

明治四十（一九〇七）年十月十八日、ハーグで結ばれた「陸戦ノ法規慣例ニ関スル条約」の第二章・俘虜《ふりよ》の項の第二十条には、

「（送還）平和克復ノ後ハ、成ルヘク速ニ俘虜ヲ其ノ本国ニ帰還セシムヘシ」

とある。これを日本は批准し、明治四十五（一九一二）年一月に公布、発効していた。

また日本は批准はしていなかったが、昭和四（一九二九）年の「俘虜ノ待遇ニ関スル条約」〝送還規定の設置〟の項、第七十五条にはこうある。

「交戦者ガ休戦条約ヲ締結セントスルトキハ右交戦者ハ原則トシテ俘虜ノ送還ニ関スル規

定ヲ設クベシ」

ならば、ジャリコーヴォでせねばならなかったのは、捕虜送還にかんする規定について話し合うことであった。これら諸条約とポツダム宣言の適用について強く主張し、捕虜送還の時期を明確にし、つまりはのちのちの事態に備えることであった。それでなくとも、ドイツ軍捕虜がどんどんシベリア方面に送られていることを、すでに日本の新聞も報じていたはずであるから。

しかし交渉したのは、

(一)武装解除にさいし都市などの権力もいっさい引き渡す
(二)後方補給のため、局地的なものを除き、軍隊・軍需品の大きな移動は行わない
(三)日本軍隊の名誉を重んじ、将兵の帯刀（剣）を許し、武装解除後の取扱も極力丁寧なものとす
(四)満洲内要地はソ軍進駐まで日本軍が警備を担当し、ソ軍進出後、日本軍はみずから武装解除する

などなどの八項目。停戦交渉の中心テーマたるべき捕虜送還については、まったく放置され、皇軍の名誉とか、軍刀の保持とかが中心となっていた。

瀬島氏を責めるのではなく、こうしたさまざまな外交的なかけひきをみるにつけ、当時の日本人がいかに世界を知らず、夜郎自大でひとりいい気になっていたかを悲しく情けなく思うばかりなのである。国際法に無知、というより無視、国際情報にたいする理解の浅さ、想像力の欠如、外交のつたなさ、それがいまのわれわれにもそのままつながっているのではないかを恐れるのである。イラクのクウェート侵攻に仰天し、各方面でのあたふたぶりをみるにつけ、いぜんとして国際人としての日本人の底の浅さを思い知らされ、国際化の難しさをあらためて思うのである。

それにつけても、ここで一つ、あまりにも無躾《ぶしつ》けな想いが湧いてくる。「人類が五十年以内に死滅することのないように」との国際連合の理想を実現せんために、スターリンを何とか説得した病めるルーズベルトの必死の努力と気魄《きはく》とには脱帽しつつも、その蔭《かげ》で敗戦日本とドイツはなんと多くの犠牲を強いられたことか。それを考えないわけにはいかないではないか。戦後日本の北方領土問題、シベリア強制抑留問題は、まさにルーズベルトの理想実現のための生贄《いけにえ》ではなかったか。妥協の産物ではなかったか。シベリアで死んだ人は実に四万六千人を超える（〔編集部注〕現在厚生労働省の調査では約五万五千人）。

そのためにも、「創設者が意図した機能が初めて働く」ようになったといわれるいま、国連が、地球が直面する新しい危機を克服しえないはずはないと思いたい。その平和維持機能を存分に発揮することによって、人類が死滅することのないように心から願いたいのである。

「最後の聖断」が訴えたもの

平成十九（二〇〇七）年十月、「文春新書」で、半藤一利《はんどうかずとし》編著『日本のいちばん長い夏』というちょっと妙な本を上梓《じょうし》した。内容は、昭和二十（一九四五）年七月二十六日のポツダム宣言の通告から八月十五日正午までの、いわゆる二十日間の終戦史を扱ったもので、なんでいまさら、と思われる人も多いことであろう。

ところで、わざわざ「妙な」としたのは、これが論文あるいはノンフィクションとして新たに書かれたものなんかではなく、三十人もの終戦時に重要な地位にいた当事者による大座談会の記録であるからである。それが行われたのが昭和三十八（一九六三）年の六月、実にいまから四十余年も前のことになる。

そしてその年の「文藝春秋」八月号に、その大座談会は「日本のいちばん長い日」というタイトルで掲載され、話題をよんだものであった。この大座談会の司会をし、原稿をとりまとめたのが、当時その編集部にいたわたくしで、三十三歳のときである。

主な出席者（ならびに終戦当時の肩書）をあげてみる。

荒尾興功《あらおおきかつ》陸軍省軍事課長、池田純久《いけだすみひさ》綜合《そうごう》計画局長官、今村均《いまむらひとし》第八方面軍司令官、入江相政《いりえすけまさ》侍従、大岡昇平《おおおかしょうへい》陸軍一等兵、岡本季正《おかもとすえまさ》駐スウェーデン大使、酒巻和男《さかまきかずお》海軍少尉（捕虜第一号）、迫水久常《さこみずひさつね》内閣書記官長、佐藤尚武《さとうなおたけ》駐ソ連大使、鈴木一《はじめ》首相秘書官、富岡定俊《とみおかさだとし》軍令部作戦部長、町村金五《まちむらきんご》警視総監、松本俊一《まつもとしゅんいち》外務次官、そして吉田茂《よしだしげる》元外交官など。

いま読んでみると、さすがにこの困難な時代に真っ正面から向き合って、それぞれの立場で苦闘した人びとの発言だけに、少しも古びていないばかりか、波瀾《はらん》万丈で面白く、かつまことに有益である。いまになると、すべて亡くなっている方ばかり、それだけに貴重な証言になっている。

新書編集部の編集長がホクホクしながら、

「是非、また陽《ひ》の目をみせましょう。いまの若い人が読んでも感動すると思います」

と言ったが、わたくしもあらためて読んでみて、その感をふかくした。それでこんな自己PRめいたことを書いているわけであるが、この大座談会の発言に関連して、オヤ、これが真実なのか、と思わせられたことがある。まあいい機会と考えて、そのことについて触れてみることにする。

それは、海軍の富岡元少将がポツリと言った言葉である。八月十四日の午前十一時ちょっと前から開かれた最後の御前会議での、二度目の昭和天皇の聖断について、

「あれは、どう考えても、国民にではなく、われわれ陸海軍の軍人にたいして、とくに諭《さと》されたものとしか思えないのだが……」

という趣旨の感想を洩《も》らした。これは当時はそれほど大事とは考えられなかったが、いまになると、まことに興味津々たる発言のように思われてくる。

ただし、この御前会議には富岡作戦部長は出席していない。したがって直接に天皇の御言葉を耳にしたわけではない。

大座談会に出席している人のなかで、この最後の御前会議に列した人は、迫水書記官長と池田綜合計画局長官の二人だけ。しかも残念ながら軍人はその池田元陸軍中将のみである。が、池田さんは富岡さんの発言にピクリともしなかった。

ほかの軍人さん、たとえば今村元大将も、伊号四〇一潜水艦長も、とくにそれをうべな

のであろうか。

うような発言をしていない。とすると、これは富岡さんだけが強く感じたことであったの

　わたくしは自著『日本のいちばん長い日』（文春文庫）のなかでは、このときの昭和天皇の御言葉として、当時情報局総裁下村宏《しもむらひろし》が書き留めたものを紹介しておいた。一般にはこれがいちばん忠実に写しとっているとされている。しかも、終戦の詔書《しょうしょ》とほぼ同じ趣旨のことが記されている。すなわち、

詔書「戦陣ニ死シ職域ニ殉シ非命ニ斃《たお》レタル者及其ノ遺族ニ想ヲ致セハ五内為ニ裂ク」

下村写「戦場にあって、戦死し、あるいは、内地にいて非命にたおれたものやその遺族のことを思えば、悲嘆に堪えないし、……」

詔書「朕《ちん》ハ時運ノ趨《おもむ》ク所堪ヘ難キヲ堪ヘ忍ヒ難キヲ忍ヒ以テ万世ノ為ニ太平ヲ開カムト欲ス」

下村写「わたしは、明治天皇が三国干渉のときの苦しいお心持をしのび、堪えがたきを堪え、忍びがたきを忍び、将来の回復に期待したいと思う」

　以下、全文を写そうかと思うけれども、かなり長いものゆえ、ここでは省略する。が、いまそれを読み直してみて、そこからは富岡さんが敗戦のときに感じたであろう、軍部への御諭しといったニュアンスはそれほど強く感じられてこない。むしろ国民にたいして語

りかけたものとしたほうがいい。

＊＊

そこで、わたくしは御前会議に列席した二人の陸軍軍人が残したものを、筐底《きょうてい》から取り出してみることにした。下村総裁の「写し」のように、しばらく後になってから大勢の当時の出席者に会って問い訌《ただ》し、思い出しつつ書かれたものとは異なって、ともに御前会議終了直後の短い時間に、大袈裟《おおげさ》にいえば危急存亡の間に、急ぎまとめられたものである。迫真的という点では、下村の「写し」とは雲泥の差があるといえる。

一は、参謀総長梅津美治郎《うめづよしじろう》大将のエンピツ書きのものである。

「自分ノ非常ノ決意ニハ変リナイ
内外ノ情勢、国内ノ情態、彼我国力戦力ヨリ判断シテ軽々ニ考ヘタモノデハナイ
国体ニ就テハ敵モ認メテ居ルト思フ　毛頭不安ナシ　敵ノ保障占領ニ関シテハ一抹ノ不安ガナイデハナイガ　戦争ヲ継続スレバ国体モ国家ノ将来モナクナル　即チモトモ子モナクナル
今停戦セバ将来発展ノ根基ハ残ル

武装解除ハ堪エ得ナイガ　国家ト国民ノ幸福ノ為ニハ明治大帝ガ三国干渉ニ対スルト同様ノ気持デヤラネバナラヌ
ドウカ賛成シテ呉レ
陸海軍ノ統制モ困難ガアラウ
自分自ラ『ラヂオ』放送シテモヨロシイ
速ニ詔書ヲ出シテ此ノ心持ヲ伝ヘヨ」

たしかに心して読むと、ほとんどが軍部、とくに陸軍に対して語りかけている御言葉のように受けとられてくる。国体がもし護持できないようならば、断乎《だんこ》として「最後の一兵まで」戦うのみ、と呼号していたのは陸軍であった。武装解除も屈辱であろう。しかし、国家と国民のために「どうか賛成してくれ」と天皇は頼んでいる、とも読める。

他の一は、陸軍省軍務局長吉積正雄《よしづみまさお》中将が陸軍中央部の将校たちに訓示として残したもの。大本営陸軍部戦争指導班の『機密戦争日誌』八月十四日の項に「軍務局長ヨリ、本日御前会議ニ於ケル御言葉ヲ伝達ス。要旨左ノ如シ」とあって、残されている。

「自分ノ此ノ非常ノ決意ハ変リハナイ。
内外ノ動静国内ノ状況、彼我戦力ノ問題等、此等ノ比較ニ附テモ軽々ニ判断シタモノデハナイ。

此ノ度ノ処置ハ、国体ノ破壊トナルカ、否《シカ》ラズ、敵ハ国体ヲ認メルト思フ。之ニ附テハ不安ハ毛頭ナイ。唯反対ノ意見（陸相、両総長ノ意見ヲ指ス）ニ附テハ、字句ノ問題ト思フ。一部反対ノ者ノ意見ノ様ニ、敵ニ我国土ヲ保障占領セラレタ後ニドウナルカ、之ニ附テ不安ハアル。然シ戦争ヲ継続スレバ、国体モ何モ皆ナクナツテシマヒ、玉砕ノミダ。今、此ノ処置ヲスレバ、多少ナリトモ力ハ残ル。コレガ将来発展ノ種ニナルモノト思フ。

——以下御涙ト共ニ——

忠勇ナル日本ノ軍隊ヲ、武装解除スルコトハ堪エラレヌコトダ。然シ国家ノ為ニハ、之モ実行セネバナラヌ。明治天皇ノ、三国干渉ノ時ノ御心境ヲ心トシテヤルノダ。ドウカ賛成ヲシテ呉レ。

之ガ為ニハ、国民ニ詔書ヲ出シテ呉レ。陸海軍ノ統制ノ困難ナコトモ知ツテ居ル。之ニモヨク気持ヲ伝ヘル為、詔書ヲ出シテ呉レ。ラヂオ放送モシテヨイ。如何ナル方法モ採ルカラ。」

梅津総長の「メモ」と、吉積軍務局長の訓示とはかなり似通っている。論理の運びも同じである。後者のほうが若干は細かく伝えてくれているが、おそらく昭和天皇の御言葉はこれに限りなく近いものであったのであろう。

そして興味が惹《ひ》かれるのは、梅津「メモ」にも吉積「訓示」にも、いままで国民に親しく語りかけたものと推察されてきた「堪え難きを堪え、忍び難きを忍び」という言葉がまったくないことである。

想い起こせば、わたくしは当時、勤労動員の中学三年生で、軍需工場で汗を流して働いていたが、その時刻、機械がいっせいに止まり、ラジオの前に集合させられた。放送はよく聞きとれないところが多かったが、「堪え難きを堪え、忍び難きを忍び」はハッキリと耳にした。この言葉あって、わたくしは敗戦を覚悟したとさえいえる。しかし、それは実際にはなかったというのであろうか。

陸海軍軍人たちは最後の最後まで敗戦を認めなかった。徹底抗戦を信念としていた。武器をもつ軍部が血気にはやってクーデターを起こしたら……。

それはなにも陸軍だけではなかった。海軍もまた然り、神州不滅の信念にあったのである。海上護衛総司令部参謀であった大井篤《おおいあつし》元大佐から聞いた話がある。八月十五日も夕刻に、海軍省前で、大井が軍令部作戦参謀柴勝男《しばかつお》大佐とバッタリ逢《あ》ったときのこと。ものすごい剣幕で柴が怒鳴ったという。

柴「まだ戦争は終わっておらん。これからだ。海上護衛総隊司令部はケシカラン。戦闘行為を直ちにやめろ、という命令を早々に出してしまったじゃないか。かかる勝手な命令は許されない。ただちに撤回命令を出せ」

大井「あれは玉音放送で終戦の詔書が出されたから、私がこの手で起草したものだ。天皇陛下が戦争をおやめになったんだから、軍隊がそれに従って戦闘行為を停止するのは当然ではないか」

柴「天皇が戦争をやめるということと、大元帥が戦闘行為をやめることとは、まったく別だ。大元帥の命令はまだ出ていないッ」

大井「大元帥というのは天皇陛下の家来なんだ。家来が主君の命令に従うのは当然ではないか。そうではないかッ」

こうした勇ましい闘魂が海軍軍人にもあったことを想い起こすと、昭和天皇が最後の聖断で軍部に「どうか賛成してくれ」と諭す、いや、頼まなければならなかった、という事実が、きわめてあり得たことと想わざるを得ない。富岡さんがポツンと洩らした言葉は正直に事実を語ったに違いないと、いまにして思わされた。

戦争をやめるということが、いかに大事業であったことか。

敗戦と「どうせ」「いっそ」「せめて」
——日本的ということ

かつてハーバード大学で日本文学・日本語を講じていた先輩の板坂元《いたさかげん》さんと、こんな会話をかわしたことがあった。何が困るかと聞かれれば、と、彼は盃《さかずき》を傾けながらしみじみと述懐した。

「日本語には、外国語に直訳できない言葉が多すぎるということだね。とくに〝シネマ見ましょかお茶のみましょか、いっそ小田急で逃げましょか〟のいっそ、〝どうせ二人はこの世では花の咲かない枯れすすき〟のどうせ、それから、〝カチューシャ可愛や別れのつらさ、せめて淡雪とけぬ間に〟のせめて。これをどんなに苦心して説明してみても、外国人に論理的にわからせるのはなかなか難しいことでね」

成程成程と、大いに納得するところがあった。鸚鵡《おうむ》の口真似でペラペラ会話技術をマスターするだけならともかく、本当にその国の言葉を理解するということは、もともとその国の文化やものの考え方の底にあるものを理解しなくてはならないこと。日本語の一つひとつの言葉の底には、意識するとしないとにかかわらず、しっかりと、日本人の心理や心情や論理や伝統が息づいているのである。

「どうせ短い命だから、どうせ一度はあの世とやらに、どうせ拾った恋だもの。と歌ってみるまでもなく、奇妙にどうせの心情がぴたりときますなあ。一貫した論理も思考も、どうせの一言で断ち切ってしまう。そんなところに日本人らしいイサギヨサをわれわれは感じますな」

「ところが、このどうせの心情が時として爆発的に破裂することがあるのだな。どうあがいてみたところで、どうせ行きつくところは同じこと、ならばいっそのこと……とヤケのやんぱちのエネルギーとなる」

どうせやるならでっかいことをなされ、奈良の大仏屁《へ》で飛ばせ、途端にデカンショ節を思い出した。いまもこんなでっかい唄《うた》を歌うときは、きまって気持ちの上で鬱屈《うっくつ》していることが多いのに気づくことがある。

「そこなんだ、つまりつらい浮世を生きるということは耐えるということだ、とフランスの哲学者が喝破《かっぱ》したが、人は絶えず挫折《ざせつ》と妥協と忍耐の日常をすごしている。どうせとか、いっそとか、なかなかいっぺんには思い切れない。そこに、せめての心情が浮かびでるというわけさ」

と板坂さんは憮然《ぶぜん》としていった。フム、わが周囲をぐるりと見回してみれば、せめて一言、せめて君だけには、せめて一目でも、せめて子供だけは、せめて二人でいるときは、エトセトラエトセトラ。なんと多くのせめてがあることか。浪花《なにわ》節的な感傷と、キミ、笑い給《たも》うことなかれ。

＊

毎年、八月が来ると、奇妙なほどこのときの「どうせ・いっそ・せめて」の板坂さんとの会話が蘇《よみがえ》ってくる。

昭和二十（一九四五）年の夏、大日本帝国は瀕死《ひんし》の極みにあった。破壊と流血と絶望の前に、冷静に、リアルに、真剣に考えれば、だれの眼にも戦争がこれ以上つづけられないことは明らかであった。しかし、軍部は本土決戦による最後の勝利を声をふるわせて絶叫し、国民の多くもそれに和していた。

それは、あの時代の人びとが血走った国民感情に追い立てられていたからにほかならぬ。だれも勝つと信じていなかったにもかかわらず、狂気ともいえる心情に突き動かされ、底なしの断崖《だんがい》にむかって真一文字に突き進んでいた。

どうせ国が亡びるならば、いっそ最後の一人まで戦って、歴史に光輝《こうき》ある一ページを書き残そう、それがいつわりのない日本人の心情であり、かなしい論理ではなかったか。連合軍は、この日本のどうせの論理にも、いっその決意にも本質的に理解がなかった。理解しろといっても無理であったから、七月二十六日のいわゆるポツダム宣言を強引に突きつける。矢尽き刀折れた日本はただちにこれを受諾しなければならなかった。が、なお正式受諾までに二十日近くを要したことを、歴史は皮肉にも語っている。その間にどのくらい多くの人が死んだことか。

もはや降伏は避けられない。しかし、降伏すれば、歴史はじまっていらいの苦難が日本人を見舞うことであろう。だれも明日のこの国に確信をもてない。されど、ほかに道はなく、どうせ降伏しなければならないのならまったくの無条件ではなく、せめて国体の護持という条件だけはつけようではないか。

この論理はいまにして考えてみれば馬鹿げたこと、所詮《しょせん》は引かれものの小唄であったかも知れない。ところが、その時代の日本人にとっては、この国体という感傷的価値とでもいうべきものを、せめて守り抜こうという決死の努力がそこにあったのである。

このせめてもの論理をめぐって政府と軍部との大議論の間に、広島・長崎に原爆が落とされ、満洲の曠野にソ連が怒濤《どとう》のように侵攻してきた。そして八月十四日夜おそく万策つきて大日本帝国はついに降伏した。それにしても、どうせ・いっそ・せめての、なんと哀しき日本的心情であったことよ。

敗戦への道と鈴木貫太郎

敗戦五十年、という語を新聞雑誌などでみるたびに、ほんとうに戦争があの時点でよくぞ終わったものよ、という思いを改めて深くしている。戦力的には枯渇し抵抗するすべはなくなっていたものの、なお兵力三百万、老若男女の国民義勇兵六百万を有し本土決戦を呼号して、虎のように猛《たけ》り狂っていた陸軍が存在していたのである。容易なことで無条件降伏をのむことなどできるはずもなかった。

それをどうやって戦争終結にもっていったか。わたくしは拙著『日本のいちばん長い日』や『聖断――天皇と鈴木貫太郎』で書いたが、それはほんとうに剣の刃渡りにひとしいような、芸術といっていいような、豪胆にして繊細な政策決定であった。とくに真の大勇をもって立ち向かった首相鈴木貫太郎の存在が大きかった。

戦後五十年たってふとわが身とわが周辺とをつらつら眺めてみると、実利主義と出世主義と甘えの構造に色濃くそまった小さな世界と小さな人物ばかり。気くばりだの根回しだのと、剃刀《かみそり》みたいにピリピリしているが、とても太い丸太は斬れないやつばかり。話がちょっとはずれるが、司馬遼太郎《しばりょうたろう》氏が坂本龍馬《さかもとりょうま》や土方歳三《ひじかたとしぞう》や河井継之助《かわいつぐのすけ》を書いたのも、こんな時代へのアンチテーゼとしてなのであろう。過去の日本人の最高の美学は「武士道」であったが、徳川三百年の泰平でそれはおもむろに失われ、幕末にはサラリーマン化したサムライの群れ。そのなかにあって最後の美学の体現者としての龍馬がおり歳三がおり継之助がいた。司馬さんはそれをしきりに訴えた。

大それたことをいえば、昭和日本には龍馬や歳三や継之助のかわりに、貫太郎さんがいた、と思っている。いかにも明治人らしい骨格の男といってもいいし、東洋的隠士《いんし》のような風格の人といいかえてもいい。西欧的な、近代的なイデオロギーなんかでは律しきれない、というより対極に立つ貫太郎さんの人間的な茫漠《ぼうばく》たる大きさが、狂瀾《きょうらん》怒濤のうちから日本を救いあげることができた、ほかの人物ではようできなかった、と考えている。

志賀直哉《しがなおや》氏が「鈴木貫太郎」というエッセーで、その事情をうまく書いていた。

「かういふ非常な時期には政治の技術など、たいして物の役には立たないのではないか。それ以上のもので乗切るより道がないやうな状態に日本はなつてゐたと思ふ。……正面衝突ならば、命を投出せば誰れにも出来る。鈴木さんはそれ以上を望み、遂にそれをなし遂げた人だ。鈴木さんが、その場合、少しでも和平をにほはせれば、軍は一層反動的になる。鈴木さんは他には真意を秘して、結局、終戦といふ港にこのボロ〳〵船を漕ぎつけた。吾々は今にも沈みさうなボロ〳〵船に乗つてゐたのだ。軍はそれで沖へ乗出せといふ。鈴木さんは舳《へさき》だけを沖に向けて置き、不意に終戦といふ港に船を入れて了《しま》つた」

たしかに、国民的熱狂につき動かされ最後の一兵まで戦うつもりのあの時代に、なみの政治的手腕なんかくその役にも立たなかった。政治的手腕という点だけからみれば、もっと人材はいたことであろう。岡田啓介《おかだけいすけ》、近衛文麿《このえふみまろ》、若槻礼次郎《わかつきれいじろう》、木戸幸一《きどこういち》……。それらの人びとに鈴木さんはとても及ばなかった。むしろ政治性ゼロ。しかし、その政治性ゼロの政治力を発揮して大事業を成し遂げた源泉はなにか、といえば、無私無欲ということにつきる。つねに〝私〟がないから事の軽重本末を見誤ることがなかったし、いまでは想像することもできぬ狂気の時代に、たえずひとり醒《さ》めた態度で、泰然毅然《きぜん》かつ恬然《てんぜん》とし、悠々としていられたのである。

昭和二十（一九四五）年八月九日、深夜の御前会議において、天皇の聖断を願うという鈴木首相のだれも想像もしなかった決断により、ポツダム宣言を「天皇の大権に変更を加うるがごとき要求は、これを包含しおらざる了解のもとに」受諾することに決した。しかし、送られてきた連合国の回答はなお曖昧《あいまい》さを残しており、軍部は〝国体護持〟の名のもとに受諾拒否の強硬態度をふたたびとった。

たしかに、九日夜から十日未明にかけての第一回の聖断は、いわば不意討ちであり、鈴木が詐術《さじゅつ》をもって軍部をひっかけて成功させたようなものであった。こんどは、陸海両統帥部の総長が、事前にきちんとした打ち合わせのない御前会議には、絶対反対の意を強く表明している。したがって通常の手続きによって御前会議をひらこうとしても、両総長の奏請書類に署名、花押《かおう》をもらうことはほとんど不可能となった。

この八方手詰まりの局面を打開したのが、実は通常の御前会議ではなく、天皇のお召しによる特別の懇談、という形式による超法規的な御前会議であった。

戦争は、その八月十四日正午近くの特別懇談の御前会議における第二回聖断で、正式に終結と決した。その経緯を語る文献や、研究や記録は多々あるが、そのほとんどが全部、この二回目の聖断は内大臣木戸幸一の天皇への進言による、と木戸内府の功績に帰している。これがほぼ定説なのである。
なにしろ動かしがたい証拠として『木戸日記』にもとづく「木戸文書」という〝第一級〟とされている史料があるからである。八月十四日のその朝、統帥部は最高戦争指導会議（首相、外相、陸相、海相、参謀総長、軍令部総長の六名による）をひらくことにすら同意せず、とくに陸軍は午後一時まではいかなる提案にも応じられない、と強硬で、にっちもさっちもゆかない状況にあった。

そこで木戸は、その第一級史料とされる文書に、

「私は陛下に申し上げ、自分の考えを鈴木首相に話し、このさい最高戦争指導会議員連合の御前会議のご召集を願い、一気に戦争終結のご下命をお願いして、終戦の詔勅を起案することをご命令願うほかはないと力説したるに、首相もこれに同意せられたのでありました。よって私は八時四十分、鈴木首相とともに拝謁を願い……」（傍点筆者）

とその朝の自分の行動を誇らしげに、明確に記している。

この文書は東京裁判に提出された。しかも戦後も昭和二十二年十一月には早くも印刷出版されて多くの人に読まれた。終戦史を書く諸書がこの記述を信じ、すべてを木戸の功績にしたのは当然ということとなった。

しかし、わたくしは『聖断――天皇と鈴木貫太郎』をまとめるとき、この大事なところをつぎのように記した。ここに書いたような経緯によって第二回聖断に達した、と確信をもったからである。長すぎる引用になるが、終戦史のいちばんの妙味のあるところゆえ、勝手をお許しいただきたい。


首相は車を飛ばして木戸内大臣を訪ねた。木戸もまた、その日の朝にB29の散布したビラを手にし、ここに至っては一刻も早く終戦にもっていかねばならぬと、朝早く天皇に奏上していたところであった。これまでの交渉の詳細を伝えた上で、ビラには「和戦の決は一にかかって日本政府にある」ことが記されている。

「至急、終戦の手続きをとるようご下命願います」

天皇は強くうなずいた。そして退下してきたところで、木戸は首相の姿をみたのである。

「総理、もう一刻の猶予もなりません」

「そのつもりです。しかし、この三日間の陸海軍の態度をみると、もはや円満に収拾など不可能です。陛下にご苦労をおかけするのは、まことに恐れおおいのですが、ほかにとるべき方法がないと決心せざるを得ません」

といいながら、老首相は心から情けないという顔をした。

「私は陛下に、陛下からのお召しという形式で、いま一度御前会議をひらいて下さるようにお願いいたしたいのです。木戸さん、あなたも一緒に拝謁して、陛下にお願いしてくれませんか」

木戸内大臣は、自分が構想していたと同じことを首相にいわれて、あらためて政治性ゼロの鈴木貫太郎という軍人の、人間性の大きさと深さを感じとった。小手先の技巧はないが、こうと信じたことには真っ正面から打《ぶ》つかってくる。それが異例であろうと、法的に問題があろうと、それをのり超えてやってくる。

八時四十分、天皇は二人の股肱《ここう》の臣と謁見し、奏上を聞くと、即座に、明快に同意した。

昭和十六年十二月一日の開戦決定の御前会議いらい、たえて行われなかった最高戦争指導会議の構成員と閣僚全員の合同の御前会議がひらかれることとなった。しかも、正式の御前会議ではなく、天皇のお召しによる、という……。

合同を策案したのも首相だった。

「もうここまできたら一挙に終戦へと決しましょう」

「そう」と木戸が和した。「私とあなたと、ほかに二、三名が生命を捨てればすむことですからね」

以上が引用であるが、八月九日の第一回聖断のときは、いわゆる正式の御前会議の形式にのっとっている。しかし、八月十四日のときは、同じ地下防空壕《ぼうくうごう》においてであるが、天皇の特別のお召しという形式にあわせて模様がえしてある。あくまでも天皇との特別の懇談という形をとったのである。

それにしても、それまでの木戸ひとりの功績という定説に、わたくしがなぜしたがわなかったのか。それにはつぎのようなことがあったからである。

この本を書くために、鈴木貫太郎がそこを死処とした千葉県関宿町《せきやどまち》をわたくしは訪ねてみた。取材という目的もあったが、鈴木さんの墓に花を捧《ささ》げたかったからである。この町はむかしは五万八千石の久世《くぜ》侯の城下町、利根《とね》川と江戸《えど》川の分岐点で、水上交通の要衝であった。いまは水戸街道に通じる沿道の通過点の一つにすぎず、ダンプカーやダットサンがあげる砂ぼこりを、年がら年じゅう浴びているだけの忘れられた町。そこに「鈴木貫太郎記念館」が建っている。

八月十五日未明、戦争終結に反対する「国民神風隊」の襲撃をうけ、鈴木さんは小石川《こいしかわ》丸山町《まるやま》（現文京区《ぶんきよう》千石《せんごく》）の私邸を焼かれた。このとき多くの思い出の品々は失われてしまった。このために、せっかくの「記念館」ながら、いくらかは寂しい感じのする室内の展示品のなかに、実は「木戸文書」があったのである。その最晩年に、鈴木さんは出版されたばかりのこの書に目をとおしている。

わたくしは特別に手にとって見ることを許可してもらった。ぱらぱらとページを繰ると、ところどころ欄外に鉛筆で、何やら書き入れがあることに気づいた。恐らくは当時を想起しながら、鈴木さんが自分の記憶する事実を書き入れたものであろうと思った。事実それはそうであった。しかも、いくつも重要な相違点を、鈴木さんが注釈的に訂正して書き加えているということがわかった。

そのひとつに、木戸内府の、さきに引用したおのれの功績を記した部分があった。その傍点をつけた上のほうに、

「自分ノ参内ハ、特別御前会議ヲオ願スルタメニテ、内大臣ノ意見ニ同意シタルタメニアラズ。偶々《たまたま》両者ノ意見一致シタルノミ。自分ノ記憶デハ八時頃内大臣ヲ訪ヒ、特別御前会

議召集ヲ相談ス。内大臣ハ思召ヲ伺ヒ、『宜《よ》シ』トノ上意アリ、依《よっ》テ両人ニテ拝謁シタリ」と鈴木さんの達筆の記述があったのである。

戦後の鈴木さんは誇らず、批判せず、天皇の戦争責任に関するわずかな言葉が残っている以外は、あえて発言せず、関宿で閑雲野《かんうんや》鶴《かく》を友に余生を送った。その生活ぶりを見兼ねて、旧海軍から四十万円を贈るという話があったとき、鈴木さんはきっぱりと断った。また、郷土の偉人顕彰の意から千葉県の県会議員が、五百万円の贈与をきめて申し出てきたときも、鈴木さんは「いかなる事情があるにせよお受けできぬ」と謝絶をとおしてその気骨ぶりを示した。

国家敗亡という不名誉をもたらした自分の責任は重すぎるほど重い、と貫太郎さんは考える。おのれが生き恥をさらしているのは、日本国民が再出発し、苦しくとも健全な国家建設の大仕事をはたすであろう、その前途を見守りたいばかりである。鈴木さんはそう語るのを常としていた。

その静かなる人・鈴木さんの静かな抗議に、むしろ耳を傾けるのが至当、とわたくしは考えるのである。木戸内府の記憶違いかどうか、確かめるすべはないとはいえ、わたくしには、鈴木さんが全精魂を傾けて考えぬき決断した戦争終結の超法規的な方法に、天皇の召集による御前会議があった、と思えてならない。もし失敗すれば、腹を切るほかはない。鈴木さんにしてはじめて覚悟のできたこと。最後の聖断はどちらかといえば暗殺を恐れて腰の引けた木戸内府の考えによるものとは、とても思えない。

そしてこのときに不思議なのは、日清・日露の両戦争で〝鬼貫〟とよばれたほどの豪勇を示した鈴木さんにたいする、同じ海軍出身の海相米内光政と次官井上成美《いのうえしげよし》の根づよい不信感である。公刊されている米内の日記の、鈴木貫太郎にかんするそのころのことを書いた部分は、すべて削除されているというし、井上の戦後のこんな失礼きわまる鈴木評もある。

「鈴木さんが強気だったのはゼスチャーだったという見方をする人もあるが、自分は陸軍のクーデターがこわかったのだとみる。かりに、終戦へもってゆくためのカムフラージュであったとしても、ほどほどで、クーデターがあっても、やるべきことはやるべきだと思う。日本の運命を決めるという場合においては、自分の生命を捨てて、ちゃんと自分の本心をそこへ出してやるべきだと思う」

批判は容易であるが、カミソリ井上の言のようにクーデターを恐れずあえて断行したら、はたして如何《いかが》相成ったか。歴史に「もしも」は許されないなら、近ごろはやりのシミュレーション作家に一考してもらいたいものである。おそらく徹底抗戦派による暗殺につぐ暗殺で、責任ある内閣は成立せず、本土決戦までいったであろう。しかも、その井上次官も米内海相も「ソ連とは万難を排して手を握ること」と、強く進言するという国際情勢にたいする無知な面までさらけだしている。

こうしてみると、身内の海軍や、外相東郷茂徳にも不信を抱かれながら、終戦という大業を実現しようとする鈴木さんの苦心が、いかにすさまじいものであったことか、よくわかる。無私の人にしてよく成しえたのである。

あのとき鈴木さんがただひとつ信じられるのは天皇のご意思のみ、ということであったのかもしれない。それゆえに、戦後になって、記者会見などで語ったという、

「終戦は、私と肝胆相照らした鈴木であったからこそ、できたのだと思っている」

「鈴木とは苦楽を共にした。鈴木総理だから（終戦が）できたのかもしれません」

これら天皇の言葉が、深い意味をもってくる。

あとがき

二〇〇九年は、わたくしにとってはまことに幸運な、有難い、というよりも奇妙な年、ということになる。二十四、五年も前に年賀状がわりにかいた文章が『隅田川の向う側——私の昭和史』（創元社）となり、こんどまた、十四、五年から二十年くらい前に（なかにごく一部の最近のものもあるが）かいた雑多な短文がまとめられて送り出される。これを命冥加《みょうが》につきるといわずして、ほかのどんないい方があるであろうか。ちなみに、冥加とは神仏の加護による幸運のことをいう。

これというのも、同じ東京は隅田《すみだ》川の川向う、下町生まれの坂崎重盛《さかざきしげもり》さんとコンコンたる知己になったお蔭《かげ》なのである。「昔にかいたものなら、ゴマンとあるさ」と酒席でオダをあげたのがいけなかった。大言壮語は破滅のもと、とよくいうが、まったくそのとおりで、すぐに坂崎さんの名代といって波乗社《なみのりしゃ》の石原靖久《いしはらやすひさ》さんが飛んでこられた。かくてふたたび、正直に申して〝恥じかき〟の、この一冊が世にでる羽目となる。

取捨選択および章立てなど、編集のことはすべて石原さんにお任せした。感謝あるのみである。選ばれたものはできるかぎり原文のままとし、どうしても悪文ないし意味不鮮明と認定せざるをえない部分のみに少し手を入れた。年月も経ているから、一篇一篇について新史料や新情報もいまは出てきているが、それらは加味したりしないこととした。加えようとすれば、結局は全文をかき直さねばならないことになる。それに昨今の時ならぬ歴史ブームとやらと違って、あまり関心をよばず読者も少なかった時代に、本業の忙しい編集者のかたわら、そして退職してまだお先き真っ暗な折からでもめげずに、シコシコとかいていたころの記念に、そのままにしておこうという気が強くしたせいもある。少々ヘソ曲がり的かも知れないが。

また、そんな昔のものゆえ、参考文献などすべて失念している。著者や出版社には、何とぞご勘弁を、と申すばかりである。

それにしても、『隅田川の向う側』の「あとがき」にもかいたことであるが、その後のわたくしのさまざまな著作の原点が本書にもあると思う。歴史探偵の自称の上に、近ごろは「昭和史の語り部」との大そう気に入った称号をいただいているが、それもこれもこうした踏ん張りを積み重ねてきたからではないか。人間、いくつになっても勉強が大切であることよ。たとえ、若ものに「爺《じい》さん、いい加減にしなよ」といわれようとも、である。

半藤　一利

初出

第一章

新聞がリードした開戦への道（『季刊アステイオン』1987年春）

吉田茂の対中国強硬論（『月刊公論』1993年10月）

大日本帝国の戦争目的（『季刊アステイオン』1988年秋）

山本五十六が恐れた「衆愚」集団主義（『季刊アステイオン』1989年夏）

「太平洋戦争ってナーニ？」（『季刊アステイオン』1988年春）

第二章

ノモンハン事件症候群（サンケイ新聞　2001年10月30日）

ルーズベルトの甘い言葉（『月刊公論』1993年7月）

海軍は「善玉」なるか？（『月刊公論』1993年12月）

「大艦巨砲」よ、さらば！（『月刊公論』1993年12月）

初　出

墓標一万六千浬（『昭和日本史』第5巻　昭和51年　暁教育図書）
知られざる東条暗殺計画（『昭和日本史』第5巻　昭和51年　暁教育図書）

第三章

歴史の中の長岡空襲と新潟（新潟日報　昭和48年8月2日）
幻のソ連の「日本本土侵攻計画」（『月刊公論』１９９５年４月）
「天皇制を残さなくてはならない」（『月刊公論』１９９４年5月）
スターリンが決断した「シベリア抑留」（『季刊アステイオン』１９９０年秋）
「最後の聖断」が訴えたもの（『修親』２００７年11月）
敗戦と「どうせ」「いっそ」「せめて」（『季刊　抒情文芸』２００７年秋）
敗戦への道と鈴木貫太郎（『月刊公論』１９９５年3月）

関連略年表

明治27年	1894	日清戦争（〜95）
37	1904	日露戦争（〜05）／戦勝国として賠償金を獲得できなかったことに民衆が怒り暴動、日比谷公園を焼き打ち
39	1906	南満洲鉄道（満鉄）設立
43	1910	大逆事件（幸徳秋水ら処刑）／韓国併合（〜45）
大正3年	1914	第一次世界大戦（〜19）
7	1918	米騒動／シベリア出兵
12	1923	関東大震災（9・1）
14	1925	治安維持法制定／普通選挙法公布
昭和2年	1927	金融恐慌／山東出兵
3	1928	張作霖爆殺事件
6	1931	満洲事変（柳条湖事件）

関連略年表

7	1932	五・一五事件（犬養毅首相射殺）
11	1936	二・二六事件（高橋是清蔵相射殺）
12	1937	日中戦争（盧溝橋事件）
13	1938	国家総動員法制定
14	1939	第二次世界大戦（～45）
15	1940	大政翼賛会成立
16	1941	真珠湾攻撃（12・8）／太平洋戦争（～45）
18	1943	カイロ宣言（ルーズベルト・チャーチル・蔣介石による）（11・27）
20	1945	東京大空襲（3・9～10） 広島（8・6）、長崎（8・9）原爆投下 ポツダム宣言発表（7・26）／日本無条件降伏（8・15）
21	1946	日本国憲法公布
25	1950	朝鮮戦争（～53）の特需景気で日本経済回復軌道に

（編集部作成）

図版・年表　ニッタプリントサービス

本書は、二〇一五年一一月に小社より刊行された『昭和と日本人　失敗の本質』を復刊したものです。

半藤一利（はんどう・かずとし）
1930年、東京都生まれ。作家。東京大学文学部卒業後、文藝春秋新社（現・文藝春秋）へ入社。「週刊文春」「文藝春秋」編集長、専務取締役を歴任。著書に『日本のいちばん長い日』、『漱石先生ぞな、もし』（新田次郎文学賞）、『ノモンハンの夏』（山本七平賞、以上文藝春秋）、『昭和史 1926-1945』『昭和史 戦後篇 1945-1989』（毎日出版文化賞特別賞）、『墨子よみがえる』（以上平凡社）など多数。2015年菊池寛賞受賞。2021年1月逝去。

昭和《しょうわ》と日本人《にほんじん》　失敗《しっぱい》の本質《ほんしつ》

半藤一利《はんどうかずとし》

2022 年 7 月 10 日　初版発行
2024 年 10 月 20 日　8 版発行

発行者　山下直久
発　行　株式会社KADOKAWA
〒 102-8177　東京都千代田区富士見 2-13-3
電話　0570-002-301（ナビダイヤル）
装 丁 者　緒方修一（ラーフイン・ワークショップ）
ロゴデザイン　good design company
オビデザイン　Zapp!　白金正之
印 刷 所　株式会社KADOKAWA
製 本 所　株式会社KADOKAWA

角川新書

ISBN978-4-04-082443-7 C0221

●お問い合わせ
https://www.kadokawa.co.jp/（「お問い合わせ」へお進みください）
※内容によっては、お答えできない場合があります。
※サポートは日本国内のみとさせていただきます。
※Japanese text only
JASRAC 出 2204426-408